Karin Kühne

Aldidente

Familienkochbuch

Was Kindern und Erwachsenen schmeckt

Eichborn.

2 3 4 04 03 02

© Eichborn AG, Frankfurt am Main, August 2002

Lektorat: Oliver Thomas Domzalski/Judith Schneider

Redaktion: Dorothee Wahl

Gestaltung und Satz: die Basis, Wiesbaden

Druck und Bindung: WS Bookwell, Finnland

ISBN 3-8218-3734-9

Verlagsverzeichnis schickt gern:

Eichborn Verlag, Kaiserstraße 66,

D-60329 Frankfurt

www.eichborn.de

Inhalt

Zwischen Fischstäbchen und Haute Cuisine
Vorwort zum Familienkochbuch

Kennen Sie das? Ihre Familie findet sich mittags oder abends zum Essen am Tisch zusammen. Ihr Mann hat Hunger. Ihre Kinder haben auch Hunger. Noch bevor die Deckel gelupft und damit die Bewährungsprobe eingeleitet ist, wird Ihnen in ungeduldiger Erwartung und Vorfreude die Frage entgegen geworfen: Was gibt es heute? Scheinbar harmlos und munter dahingesagt, bringt diese Frage das täglich wiederkehrende Dilemma in Millionen von Haushalten auf den Punkt.

Wenn Sie, wie ich, auch gerne mal raffiniert und ausgefallen kochen, haben Sie sich für eine Antwort, die Groß *und* Klein zufrieden stellt, sicher gewappnet. Für Ihren Mann und sich selbst gibt es ein liebevoll zubereitetes Boef Stroganoff oder eine blaue Forelle. Aber auch die Nachkommenschaft kommt nicht zu kurz. Damit auch das leiseste »mag ich nicht« keine Chance erhält, zu einem furiosen Crescendo anzuwachsen, scheuen Sie selbstverständlich keine Mühe und haben zusätzlich (!) Fischstäbchen, Milchreis oder Nudeln mit Ketchup vorbereitet.

Wenn Sie aber in dieser doppelten Verköstigung nicht Ihre Erfüllung finden, haben Sie ein Problem, vor dem ich auch gestanden habe. Meine Kochbegeisterung wurde nämlich beim kulinarischen Spagat zwischen Erwachsenengaumen und Kindermund arg strapaziert. Ganz zu schweigen von dem nagenden Gedanken an meinem Mutterherz, dass diese Ernährung für die Kinder zu einseitig sein könnte ... Mit all dem wollte ich ein für alle Mal Schluss machen, und so hat mich mein hausfraulicher Überlebenswille zu der Absicht geführt, Leckeres für Groß *und* Klein zu kochen, was auch mir als Köchin keine Extraschichten abverlangt. Das sollte doch wohl möglich sein!?!

Zu einer Offenbarung wurde der spontane Besuch von zwei befreundeten Familien. In der Eile habe ich einen Salat von bunten Salatblättern, Tomaten, Mais und gebratenen Putenbruststreifen vorbereitet, wobei die Salatsauce extra auf den Tisch kam. Danach gab es Nudeln mit einer Schinken-Sahne-Sauce, mit der auch die Kurzen zu beglücken waren. Ich habe nicht lange in der Küche gestanden, aber alle waren satt, entspannt und zufrieden. Nach diesem Abend ist mir klar geworden: Haute Cuisine ist einfach nichts für Familien mit Kindern! Und: Fischstäbchen erfüllen in Gesellschaft von Gemüse oder Salat den Anspruch einer vollständigen Mahlzeit.

Es wird bei mir in Zukunft Gerichte geben, die Erwachsenen und Kindern schmecken, weil ihr Geheimnis darin besteht, dass sie ohne große Mühe variiert werden können. Sie finden in meinem Kochbuch Rezepte, die sich in meiner Familie und in meinem Freundeskreis bereits bewährt haben. Und die vor allem mir als Hausfrau und Mutter ein viel entspannteres Leben ermöglichen. An dieser einfachen wie entlastenden Erkenntnis wollte ich andere Hausfrauen und -männer teilhaben lassen. Es geht mir dabei um die Familie und um das entspannte Zusammensitzen bei einer gemeinsamen Mahlzeit, bei der man sich die Geschichten, kleinen Abenteuer und auch die Nöte des Tages erzählt. Aber vor allem geht es mir um Sie. Wenn Sie also zwischen Arbeit und Familie, Fußball und Musikschule, Kindergeburtstag und Zahnarzttermin etwas Leckeres und Nahrhaftes auf den Tisch bringen wollen, finden Sie hier sowohl schnelle, kleine Gerichte als auch Anregungen für etwas mehr Raffinesse – bis hin zum großen Familienfest. Suchen Sie sich die schönsten und passendsten Rezepte heraus – und lassen Sie es sich gut gehen!

Aldi – voller Wagen für wenig Geld

Vor Ihrer dann wohlverdienten Entspannung kommt jedoch der Einkauf. Nehmen Sie sich einmal in der Woche Zeit, Ihre Vorräte zu überprüfen, und machen Sie sich mit der langen Liste auf zu Aldi. Schieben Sie mit Heerscharen von anderen Kaufwilligen Ihren Einkaufswagen durch die Gänge, und greifen Sie guten Mutes in die randvoll gefüllten Kartons und Regale. Zugegeben, unter Wohlfühlaspekten ist Einkaufen bei Aldi – bei all meiner Liebe zu dem national bekannten Discounter – nicht nur reines Vergnügen. Aber welche Hausfrau und Mutter (oder welcher Vater) denkt an Vergnügen, wenn der Wocheneinkauf ansteht und alle satt werden wollen? Und der Lohn lässt nicht auf sich warten. Denn spätestens nach dem Aldi-Kinderhosenschnäppchen rückt der Wunsch nach einem neuen Paar Pumps in greifbare Nähe.

Gleich im Anschluss finden Sie eine Liste, die Ihnen sogenannte Basics für Kühlschrank und Vorratskammer zusammenstellt. Wenn Sie diese Liste bei Ihrem Einkauf berücksichtigen, stehen Ihnen je nach Tagesaktivität und aktueller Bedürfnislage die meisten »Mahlzeit-Möglichkeiten« offen. Sie sind außerdem für Besuchskinderhorden gerüstet und kommen auch dann nicht in eine peinliche Situation, wenn sich Freunde oder Arbeitskollegen zu einem spontanen Besuch einfinden.

Was Sie vorrätig haben sollten
Basics für Kühlschrank, Gefrierfach und Vorratskammer

Für die Vorratskammer:
Kartoffeln, Nudeln, Reis, Milchreis, Zwiebeln, Knoblauch, Kartoffelpüree, Zucker, Mehl, Salz und Pfeffer, Öl und Essig, Gemüsebrühe, Ketchup, Senf, Currypulver, Zimt, Knoblauch- oder Kräutersalz, Mayonnaise, H-Milch, Backpulver, Vanillinzucker

In Dose und Glas:
Erbsen, Mais, Tunfisch, geschälte Tomaten, Suppen (z.B. Linsensuppe), Früchte (z.B. Kirschen, Pflaumen oder Pfirsiche)

Für den Kühlschrank:
Eier, Margarine, Sahne, Schmand, geriebener Käse in der Tüte, Schafskäse, Kochschinken, gewürfelter Schinken, Kräuterbutter, Kräuterquark, Kräuter- und Knoblauchbaguettes

Für die Tiefkühltruhe:
Spinat, Erbsen, Pommes frites, Fischstäbchen, Hähnchenflügel oder Hähnchenkeulen, Fischfilets, Beerenfrüchte, Eiscreme

Einige Produkte gibt es nicht bei Aldi, z.B.:
passierte Tomaten, frischen Parmesan, Pesto aus dem Glas, Nudeln aus Hartweizen, Sambal Oelek, getrocknete Kräuter und Gewürze wie Thymian, Basilikum, Kräuter der Provence, Oregano und tiefgefrorene Kräuter

Das müssen Sie noch wissen:

Die Zutaten, die nicht bei Aldi erhältlich sind, erscheinen kursiv gedruckt.

EL = Esslöffel
TL = Teelöffel
Bd. = Bund (z.B. Suppengrün)
TK-Gericht = Tiefkühlgericht

Tipps sind mit einem ☞ gekennzeichnet.
Varianten sind durch ein ☺ markiert.

Alle Rezepte, sofern nicht anders ausgewiesen, sind für 4 Personen berechnet. Die Büffets im letzten Kapitel sind für 15 Personen angelegt.

Kurz und gut
Schnelle Gerichte

Ein ganz normaler Nachmittag: Mein Mann ist bei der Arbeit, meine Söhne sind mit Freunden (hoffentlich) auf dem Bolzplatz, ich bin mit meiner Tochter beim Zahnarzt. Wir kommen alle gleichzeitig nach Hause, durchgefroren und halbverhungert. Zwischen Begrüßungsküsschen, dem Ausweichen vor dahingeworfenen Schultaschen und Fußballschuhen und der Durchsicht von Hausaufgabenheften bleibt die dringliche Frage: Was essen wir heute Abend? Oder anders: Wie kriege ich meine Lieben satt? Ich tauche in den Kühlschrank ein und mache blitzschnell Inventur. Milchreis oder Pfannkuchen sind immer möglich, vielleicht könnte ich auch ein TK-Gericht – eine zivilisatorische Errungenschaft zur Rettung der Spezies Hausfrau – begleitet von ein paar schnellen Nudeln auf den Tisch bringen. Sie sehen, diese Situation ist mir vertraut. Meiner Familie und mir geht es schlichtweg um

Kalorienzufuhr, etwas Warmes im Bauch, Bedürfnisbefriedigung sofort. Ich habe daher den Anspruch aufgegeben, an solch eiligen Tagen die Meisterin der Raffinesse zu sein. Hier zählt Tempo vor langer Vorbereitungszeit und Unkompliziertes vor kulinarischer Extravaganz. Das Haushalten mit den eigenen Kräften wird zwar in der »Hausfrauenolympiade« zur Disqualifizierung in der Kategorie Aufopferung führen, aber zur Belohnung wird ein entspannter Abend auf Sie und Ihre Familie warten. Deshalb mein Rat: Scheuen Sie den Griff in das Aldi-Kühlregal nicht. Investieren Sie in Ihre Gelassenheit und legen Sie für solche Tage einige Variationen des TK-Angebots bereit, wie z.B. Pommes frites, Fischstäbchen, Kartoffelpuffer, Gemüseburger oder Hühnchensticks.

Mit den folgenden Rezepten sind Sie für diesen Essen-aber-bitte-schnell-Notstand bestens gerüstet. Alle Gerichte sind in 20 bis 30 Minuten zubereitet.

Arme Ritter

500 ml Milch
2 Eier
8 Weißbrot- oder Toastbrotscheiben
Margarine für die Pfanne
Paniermehl
Zimt und Zucker

Milch mit den Eiern verquirlen. Brotscheiben toasten und in der Eiermilch wenden. Margarine in der Pfanne erhitzen und die »armen Ritter« darin bei mittlerer Hitze goldbraun braten. Mit Zimt und Zucker bestreuen.

☺ *Dazu schmeckt frisches Kompott z. B. aus Pflaumen oder das Lieblingskompott Ihrer Kinder.*

Süße Nudeln

500 g Nudeln (Bandnudeln oder
    Spiralnudeln)
1 l Milch
Zimt und Zucker
Früchte nach Wahl und Bedarf

Nudeln in der Milch gar kochen und abgießen. Nach Wunsch mit Zimt und Zucker bestreuen. Dazu schmeckt Backobst besonders gut.

☺ *Kinder lieben süße Nudeln auch mit Apfelmus oder Pflaumenkompott.*

Milchreis

1 l Milch
250 g Milchreis
Prise Salz
Zimt
Zucker

Milch zum Kochen bringen, Reis und Salz dazugeben und bei kleiner Hitze ca. 20-30 Minuten köcheln lassen. Ist der Reis dann noch nicht weich genug, noch ca. 10 Minuten weiter garen. Ab und zu umrühren. Mit Zimt und Zucker servieren.

☺ *Kinder mögen Milchreis auch mit Apfelmus und Vanillejoghurt.*

☞ *Um den Milchreis etwas leichter zu genießen, können Sie statt 1 l Milch ca. 700 ml Milch und 300 ml Wasser nehmen.*

Milchreis mit Früchten

1 l Milch
2 Päckchen Vanillinzucker
3 EL Zucker
200 g Milchreis
Saft einer halben Zitrone
Fruchteis
frische oder tiefgekühlte Früchte
    (z. B. Himbeeren, Erdbeeren, Kirschen)

Milch, Vanillinzucker und Zucker aufkochen, Reis dazugeben und eine Minute kochen. Ca. 20 Minuten bei kleiner Hitze quellen lassen. Ab und zu umrühren. Mit Zitronensaft abschmecken. Mit Eis und Früchten in tiefen Tellern servieren.

☺ *Eine weitere Milchreisvariation, den süßen Reisauflauf, finden Sie im Kapitel »Forschungsfeld Küche – Aufläufe und mehr«, S. 55*

Grundrezept: Pfannkuchen

6 Eier
200 g Mehl
250 ml Milch
Prise Salz
Öl für die Pfanne
Zimt
Zucker

Zutaten mit dem Mixer verquirlen. Öl in der Pfanne erhitzen. Teig portionsweise (ca. 1 Suppenkelle) in die Pfanne geben und bei mittlerer Hitze von beiden Seiten goldbraun backen. Mit Zimt und Zucker bestreuen.

☺ *Dazu schmecken auch Apfelmus, Nutella und Marmelade. Oder probieren Sie einfach andere süße Sachen aus Ihrem Vorratsschrank aus.*

Apfelpfannkuchen

Zutaten wie Grundrezept Pfannkuchen

2–3 kleine Äpfel

Das Grundrezept für den Teig bleibt gleich. Äpfel schälen, entkernen und in dünne Scheiben schneiden. Gleich nachdem Sie den Teig in die Pfanne gegeben haben, die Apfelscheiben kranzförmig darauf verteilen und zusammen von beiden Seiten goldbraun backen.

Hackfleischpfannkuchen

Das Grundrezept für den Teig bleibt gleich.

200 g gemischtes Hackfleisch
2 Knoblauchzehen
1 Zwiebel
Öl für die Pfanne
100 g rote Paprika im Glas
125 ml Gemüsebrühe
2 EL Tomatenmark oder Ketchup
Salz
Pfeffer
schwarze Oliven
getrockneter Thymian

Hackfleisch, zerdrückten Knoblauch und Zwiebelringe im heißen Öl durchbraten, Paprika abtropfen lassen, klein schneiden und hinzugeben. Brühe dazugießen und alles 5 Minuten schmoren lassen. Tomatenmark unterrühren und das Hackfleisch mit Salz und Pfeffer abschmecken. Auf den Pfannkuchen verteilen, mit Oliven belegen und mit Thymian bestreuen.

Omelette

8 Eier
8 EL Mineralwasser
etwas Salz
5 EL Butter

Eier in Eigelb und Eiweiß trennen. Eigelb mit dem Mineralwasser gründlich verquirlen. Eiweiß und Salz zu sehr steifem Schnee schlagen und vorsichtig unter das Eigelb heben. Butter in einer Pfanne leicht anbräunen lassen, Eimasse portionsweise hineingießen und in 5-10 Minuten bei milder Hitze zugedeckt garen. Die fertigen Omelettes zusammenklappen und sofort genießen.

☺ *Omelettes schmecken besonders gut, wenn sie vor dem Zusammenklappen gefüllt werden. Erwachsene bevorzugen sie erfahrungsgemäß etwas pikanter, z.B. mit Kräutern, gebratenen Pilzen oder gedünstetem Gemüse.*

☺ *Kinder lieben Omelettes mit gesüßten Früchten oder einfach nur mit Zucker bestreut.*

14

Rührei

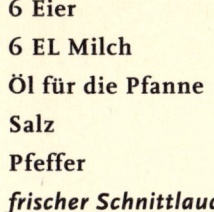

6 Eier
6 EL Milch
Öl für die Pfanne
Salz
Pfeffer
frischer Schnittlauch

Spiegelei auf Brot

4 Scheiben Brot (z. B. Vollkornbrot)
etwas Butter oder Margarine
Öl für die Pfanne
4 Eier
Salz
Pfeffer
Tomaten oder Gurken zum Garnieren

Öl in der Pfanne erhitzen, Eier aufschlagen und hineingeben. Mit Salz und Pfeffer würzen. Bei kleiner Hitze braten. Brotscheiben mit Butter oder Margarine dünn bestreichen. Mit je einem Spiegelei belegen und nach Bedarf garnieren.

Eier und Milch miteinander verquirlen. Fett in der Pfanne erhitzen. Eiermilch in die Pfanne geben, mit Salz und Pfeffer würzen und verrühren. Nach ca. 5 Minuten mit etwas fein gehacktem Schnittlauch servieren.

☺ *Das Rührei schmeckt auch mit geräuchertem Schinken, den Sie noch vor den Eiern in dem heißen Fett etwas auslassen. Dann die Eiermilch darüber geben und bei mittlerer Hitze vermengen.*

☺ *Versuchen Sie doch auch mal eine Scheibe geräucherten Lachs zum Rührei.*

☞ *Zu Rührei passen Pellkartoffeln oder Kartoffelpüree (siehe Kapitel »Rin in die Kartoffeln – Kartoffelgerichte«).*

Senfeier

2 kleine Zwiebeln

20 g Butter

1 gehäufter EL Mehl

125 ml Milch

125 ml Gemüsebrühe

4 Eier

3 EL mittelscharfer Senf

Salz

Pfeffer

Zucker

Zwiebeln abziehen und fein würfeln. Butter erhitzen, Mehl dazugeben und darin andünsten. Milch und Brühe unter Rühren hinzufügen. Bei kleiner Hitze ca. 5 Minuten köcheln lassen. In der Zwischenzeit die Eier ca. 5 Minuten fast hart kochen. Senf in die Sauce rühren, mit Salz, Pfeffer, Zucker abschmecken. Eier pellen und die Sauce darüber geben.

☺ *Wenn die Senfsauce Ihren Kindern zu »speziell« ist, greifen Sie auf fertige Dips wie Sour cream oder einen einfachen Kräuterquark zurück.*

☞ *Dazu passen Pellkartoffeln und z. B. ein frischer Salat aus Rucola und Tomaten.*

Kartoffelpuffer

Selbstgemachte Kartoffelpuffer finden Sie im Kapitel »Rin in die Kartoffeln – Kartoffelgerichte«, S. 65.

Nudeln mit Ketchup

500 g Nudeln
etwas Öl
Salz
Ketchup
geriebener Käse

Reichlich Wasser in einem großen Topf zum
Kochen bringen. Salz und etwas Öl hinzugeben.
Nudeln nach Anweisung kochen, abschütten
und in einem Sieb abtropfen lassen. Nudeln
portionsweise verteilen. Ketchup und Käse nach
Bedarf darüber geben.

☺ *Zu einer Variante für Erwachsene wird dieses
schnelle Essen, wenn Sie in einem Topf ein Glas
Pesto erhitzen. Die fertigen Nudeln mit dem
Pesto vermengen und mit Parmesan überstreuen.*

☞ *Um ein Zusammenkleben der Nudeln zu vermeiden, behalten Sie etwa 2 EL des Kochwassers
zurück, um darin die Nudeln zu vermengen.*

Pellkartoffeln mit Frühlingsquark

1,2 kg kleine, vorwiegend festkochende Kartoffeln unter kaltem Wasser abbürsten und gar
kochen lassen.

200 g Frischkäse
250 g Sahnequark
1/2 Becher Schmand (à 200 g)
1 Becher Sahne (200 g)
1 Bd. Frühlingszwiebeln
Salz
Pfeffer

Käse, Quark, Schmand und Sahne zu einer
cremigen Masse rühren. Gegebenenfalls etwas
Milch dazugeben. Frühlingszwiebeln in dünne
Ringe schneiden und unter die Creme rühren.
Mit Salz und Pfeffer abschmecken.

☺ *Statt Frühlingszwiebeln schmeckt auch eine fein
geriebene halbe Salatgurke in dem Quark.*

Überbackener Schafs-käse

Schafskäse (abgepackt oder frisch,
    pro Person ca. 250 g)
ca. 500 g Tomaten
1 rote und 1 gelbe Paprika
1 Bd. Lauchzwiebeln
3 Knoblauchzehen
ca. 30 ml Olivenöl
Salz
Pfeffer
2 TL getrockneter Oregano

Gemüse in Streifen oder Würfel schneiden und um den Käse herum in einer Auflaufform anrichten. Über Käse und Gemüse die zerdrückten Knoblauchzehen und das Olivenöl verteilen. Nach Geschmack salzen und pfeffern und mit Oregano überstreuen.

☞ *Bei Aldi gibt es den Schafskäse in 250 g Portionen, der bedarfsgerecht auch weiter unterteilt werden kann. Kinder mögen dazu Kräuterbaguettes.*

Überbackene Baguettes

125 g Butter
1 Päckchen TK-Kräutermischung
Knoblauchsalz
Pfeffer
4 Baguettebrötchen (oder 2 Baguette-Brote)
    zum Aufbacken
8 Scheiben geräucherte Putenbrust
    (wahlweise Salami, gekochter Schinken)
2 Zwiebeln
5 Tomaten
200 g Briekäse (oder Scheiblettenkäse)

Weiche Butter mit Kräutern, Salz und Pfeffer verrühren und kalt stellen. Baguettebrötchen halbieren und dünn mit der Kräuterbutter bestreichen. Zwiebeln abziehen und in Ringe schneiden. Tomaten und Käse in Scheiben schneiden (Scheiblettenkäse in Streifen). Die unteren Brötchenhälften mit Aufschnitt, Tomaten, Zwiebeln und Käse belegen. Mit der oberen Brötchenhälfte abdecken und im vorgeheizten Backofen bei 225 Grad (Gas Stufe 4-5) etwa 10 Minuten überbacken, bis der Käse anfängt zu zerlaufen.

☺ *Anstatt Wurst-Aufschnitt kann auch z.B. Tunfisch (aus der Dose) genommen werden. Und den Kindern schmecken die Baguettes ohne Tomaten oft besser. Fragen Sie einfach Ihre Sprösslinge.*

☞ *Natürlich können Sie auch fertige Kräuterbutter verwenden.*

Fladenbrotpizza

1 rundes Fladenbrot
2 Becher saure Sahne (à 200 g)
Salz
2 Knoblauchzehen
2 Päckchen TK-Blattspinat (à 300 g, aufgetaut)
6 Tomaten
Pfeffer
2 Zwiebeln
250 g Mozzarellakäse

Fladenbrot waagerecht durchschneiden. Saure Sahne, Salz und zerdrückten Knoblauch verrühren und beide Brothälften damit bestreichen. Aufgetauten Spinat darauf verteilen. Tomaten waschen und in Scheiben schneiden. Zusammen mit den Mozzarellascheiben auf den Spinat legen. Mit Salz und Pfeffer würzen. Zwiebelwürfel darüber streuen. Die Fladenbrotpizzen im vorgeheizten Backofen bei 200 Grad (Gas Stufe 3-4) ca. 10 Minuten backen, bis der Käse geschmolzen ist.

☺ *Sie können diese schnelle Pizza natürlich auch mit Kochschinken und Tunfisch oder mit gebratenem Hackfleisch, Tomaten und Gouda belegen.*

Toast Hawaii

Für einen Toast Hawaii benötigen Sie:
1 Scheibe Weißbrottoast
Salatcreme oder Remoulade
1 Scheibe gekochten Schinken
1 Ananasscheibe aus der Dose
1 Scheibe Käse zum Überbacken

Auf den bereits getoasteten Toastscheiben jeweils einen Klecks Salatcreme verteilen. Mit gekochtem Schinken und jeweils einer Scheibe Ananas belegen und zum Abschluss mit einer Scheibe Käse bedecken. Im Backofen bei 220 Grad (Gas Stufe 5) überbacken, bis der Käse schön verlaufen ist.

☺ *Noch besser schmeckt Kindern der Toast Hawaii, wenn Sie auf die Scheibe Ananas noch ein Spiegelei legen und mit Käse überbacken.*

Heute, Morgen und Übermorgen
Suppen und Eintöpfe

Suppen und Eintöpfe sind etwas Herrliches. Besonders im Herbst und im Winter. Denn gerade dann braucht der Mensch etwas Warmes, braucht Gefühl und Gemeinschaft, braucht Kohl und Rüben und deftige Fleischeinlagen.

Ich persönlich schätze an Eintöpfen, dass man sie gut vorbereiten kann, dass sie mindestens zwei Tage reichen und dass man alles hineintun kann, was man im Hause hat – oder sagen wir: fast alles. Gemüse schnippeln ist zwar immer etwas mühsam, aber für zwei bis drei Tage warmes Essen lohnt sich der Aufwand. Und es reicht für viele.

Also keine Angst vor zusätzlichen Gästen. Und wenn Sie sich vorstellen, Sie bräuchten 10 Jahre Küchenerfahrung, dann kann ich Sie beruhigen: Eintöpfe sind einfach! Sie brauchen keine Knochen mehr auskochen, keine Linsen mehr einweichen, keine Erbsen pulen – moderne Errungenschaften wie Instantbrühe oder Dosenerbsen nehmen Ihnen die meiste Arbeit ab. Falls Sie die Zutaten nicht alle im Haus haben, scheuen Sie sich nicht, eine Dosensuppe mit Gemüse oder Fleisch zu strecken.

Für die große Sehnsucht nach einem warmen, wohligen, gemütlichen Essen, das Leib und Seele gleich zwei Tage zusammenhält, habe ich für Sie einige leckere Rezepte zusammengestellt. Alles was Sie brauchen ist ein großer Topf.

Tomatensuppe mit Kräutern

1 kg Tomaten
1 Zwiebel
2 Knoblauchzehen
3 EL Olivenöl
Salz
Pfeffer
1 Prise Zucker
getrockneter Thymian
getrockneter Rosmarin
getrocknetes Basilikum (nach Bedarf)
750 ml Gemüsebrühe
2 EL saure Sahne
geriebener Parmesan

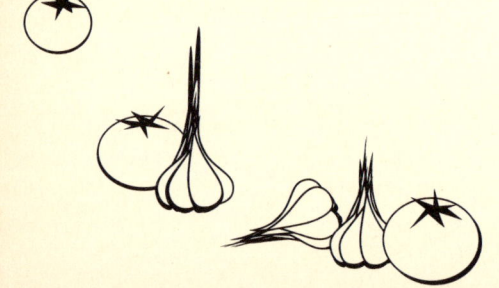

Tomaten mit kochendem Wasser übergießen, häuten und die Stielansätze vorsichtig entfernen. Zwiebel und Knoblauchzehen sehr fein hacken. Öl in einem Topf erhitzen. Zwiebel und Knoblauch darin glasig braten. Tomaten dazugeben, mit Salz, Pfeffer, Zucker und Kräutern würzen, gut umrühren und ca. 20 Minuten bei kleiner Hitze einkochen lassen. Die heiße Brühe einrühren und weitere 5 Minuten köcheln lassen. Saure Sahne hinzugeben und etwas vermengen (es sieht sehr schön aus, wenn noch Sahnespuren zu sehen sind). Nach Bedarf mit Parmesan bestreuen.

☺ *Schärfer wird die Tomatensuppe, wenn Sie etwas Sambal Oelek und 1-2 zerbröselte getrocknete Chilischoten hinzugeben und mit einkochen lassen. Aber Vorsicht: Kinder essen ungern sehr scharf. Würzen Sie lieber ihre eigene Portion mit etwas Sambal Oelek nach.*

Minestrone

2 Zwiebeln
2 Knoblauchzehen
2 kleine Möhren
2 fest kochende Kartoffeln
2 kleine Zucchini
2 Stangen Staudensellerie
3 Tomaten
Olivenöl für den Topf
1,5 l Gemüsebrühe
150 g Suppennudeln
Salz
Pfeffer
Pesto aus dem Glas (nach Bedarf)
geriebener Parmesan

Zwiebeln und Knoblauch schälen und klein hacken. Gemüse schälen bzw. putzen und klein schneiden. Olivenöl in einem Topf erhitzen und Zwiebeln und Knoblauch darin glasig braten. Gemüse hinzugeben und unter Rühren ca. 3 Minuten mitbraten. Mit der heißen Brühe aufgießen, aufkochen lassen und danach 20 Minuten bei milder Hitze köcheln lassen. Ungekochte Nudeln hinzugeben, bissfest kochen und mit Salz und Pfeffer abschmecken. Nach Bedarf mit etwas Pesto verrühren und mit Parmesan überstreuen.

☺ *Beim Gemüse haben Sie die freie Auswahl. So findet man in einer Minestrone durchaus auch Kohlrabi, Sellerie, Blumenkohl oder Erbsen. Statt Nudeln können Sie auch Reis hinzugeben.*

Hühnersuppe

(6-8 Portionen)

1 Suppenhuhn oder Poularde (ca. 1,5 kg)
1 Bd. Suppengrün
nach Geschmack noch 2-3 Möhren
    zusätzlich
500 g Nudeln (Faden-, Graupen-
    oder Muschelnudeln)
ca. 250 g Spargel (aus der Dose)
Maggi
Salz
Pfeffer
frische Petersilie

Das ganze Huhn in ca. 3-4 l kochendes Wasser geben. Porree, Sellerie und Möhren klein schneiden, dazugeben und ca. 1-1,5 Stunden kochen. In der Zwischenzeit Nudeln in einem zweiten Topf bissfest kochen und mit kaltem Wasser kurz abschrecken. Huhn aus der Brühe nehmen (Brühe aufbewahren!) und kurz abkühlen lassen. Haut entfernen, das Fleisch in mundgerechte Stücke schneiden und wieder in die Brühe geben. Nudeln und Spargel dazugeben und ca. 20 Minuten weiter auf kleiner Hitze kochen lassen. Mit Maggi, Salz und Pfeffer abschmecken. Mit klein gehackter Petersilie bestreuen.

☞ *Manche Kinder (und auch Erwachsene) mögen den puren Selleriegeschmack nicht so gerne. Dann empfiehlt es sich, die Knollen in größere Stücke zu schneiden und diese vor dem Servieren wieder aus der Suppe zu entfernen.*

Puteneintopf mit Paprikaschoten

(6-8 Portionen)

1,5 kg Putenbrustfilet

500 g Schalotten oder kleine Zwiebeln

1 kg Kartoffeln

5 Knoblauchzehen

Öl für die Pfanne

2 EL Mehl

500 ml halbtrockener Weißwein oder
  Gemüsebrühe

2,5 l Geflügelfond oder Hühnerbrühe

1 Zw. Rosmarin

5 Lorbeerblätter

1 kg gelbe Paprikaschoten

Salz

Pfeffer

Putenfleisch würfeln und portionsweise anbraten. Schalotten abziehen und halbieren. Kartoffeln schälen, Knoblauch abziehen, beides in Scheiben schneiden. Fleisch in einen großen Topf geben. Zwiebeln, Kartoffeln und Knoblauch hinzufügen, andünsten, mit Mehl bestäuben und gut verrühren. Wein dazugeben und aufkochen lassen. Heiße Brühe, Rosmarinzweig und Lorbeerblätter hinzufügen. Alles im geschlossenen Topf 10 Minuten kochen. Inzwischen Paprikaschoten putzen und in mundgerechte Stücke schneiden. Zur Suppe geben und noch etwa 10 Minuten weiter kochen. Mit Salz und Pfeffer abschmecken.

☺ *Wenn Paprika nicht zum Lieblingsgemüse ihrer Kinder gehört, können Sie auch etwas Suppe abfüllen, bevor die Paprika hinzugegeben wird.*

☞ *Dazu schmeckt fertiges Knoblauch- oder Kräuterbaguette!*

Fischsuppe

1 kg Fischfilet (TK, z.B. Seelachs)
1-2 Zwiebeln
2 Knoblauchzehen
Öl für den Topf
1 Bd. Suppengrün
2 große Dosen geschälte Tomaten (à 800 g)
Salz
Pfeffer
Sambal Oelek
frische oder getrocknete Kräuter (wie z.B.
    Kräuter der Provence oder Oregano)
1 l Gemüsebrühe

Aufgetaute und abgetropfte Fischfilets in breite Streifen schneiden. Zwiebeln und Knoblauch fein hacken. In einem großen Topf Öl erhitzen und Fisch, Zwiebeln, Knoblauch kurz anbraten. Suppengrün putzen, fein schneiden und zusammen mit der Gemüsebrühe hinzugeben. Tomaten in den Sud geben und mit einer Gabel etwas zerkleinern. Mit Salz, Pfeffer und Sambal Oelek würzen. Einmal aufkochen und mind. 30–40 Minuten weiter auf kleiner Hitze köcheln lassen. Nach Geschmack mit Dill oder Petersilie überstreuen.

☺ *Nicht jedes Kind steht mit Fisch auf Du und Du. Etwas reichhaltiger und kinderfreundlicher wird die Suppe daher mit Kartoffeln und Paprika. Den Fisch dann in möglichst großen Stücken lassen, um ihn evtl. aus der Kinderportion herausnehmen zu können.*

Kartoffel-Porree-Suppe

1–1,5 kg Kartoffeln
2–3 Stangen Porree
1,5 l Gemüsebrühe
Salz
Muskatnuss
Pfeffer
1 Becher Schmand (200 g)

Kartoffeln würfeln, Porree in feine Ringe
schneiden (einen kleinen Teil zur Verzierung
zurücklassen), beides in der Gemüsebrühe gar
kochen. Gemüsebrühe abgießen und aufbewahren. Gemüse pürieren und mit der Gemüsebrühe wieder auffüllen. Mit Salz, Muskatnuss
und Pfeffer würzen, Crème fraîche unterrühren.
Suppe mit den restlichen Porreeringen garnieren.

☞ *Als Begleitung für diese Suppe eignen sich
Würstchen jeder Art.*

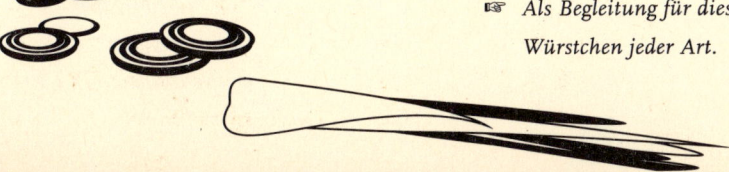

Kartoffelsuppe

(6–8 Portionen)

1,5 kg mehlig kochende Kartoffeln
2 Bd. Suppengrün
200 g durchwachsener Speck
250 g Zwiebeln
Öl für die Pfanne
1 l Gemüsebrühe
500 ml Milch
Wiener Würstchen
Salz
Pfeffer
1 Bd. Petersilie

Kartoffeln schälen und in Stücke schneiden, Zwiebeln würfeln, Suppengrün putzen und klein schneiden. Speck würfeln und in Öl bei kleiner Hitze anbraten. Kartoffeln, Suppengrün und Zwiebeln hinzugeben und andünsten. Brühe und Milch hinzufügen (nicht erschrecken, wenn die Milch etwas ausflockt, das gibt sich, wenn die Kartoffeln gar sind) und ca. 30 Minuten kochen. Würstchen hinzugeben (ganz oder in Stückchen) und noch 1–2 Minuten weiter kochen lassen. Suppe mit Salz und Pfeffer abschmecken und mit Petersilie bestreuen.

☞ *Manche Kinder (und auch Erwachsene) mögen den puren Selleriegeschmack nicht so gerne. In diesem Fall empfiehlt es sich, die Knollen in größere Stücke zu schneiden und diese vor dem Servieren wieder aus der Suppe zu nehmen.*

Möhreneintopf

1 Bd. Suppengrün
500 g Möhren
1 kg Kartoffeln
frische Mettwurst und Thüringer Mett
    nach Bedarf
2–3 kleine Äpfel
Salz
1 Prise Zucker
Essig
frische Petersilie

Suppengrün putzen, Möhren und Kartoffeln schälen und klein schneiden. Ca. 1–1,5 l Wasser zum Kochen bringen. Thüringer Mett und Wurst darin 1–2 Minuten vorkochen und Kartoffeln, Möhren und Suppengrün dazugeben. Äpfel schälen, klein schneiden und in die Suppe geben. Bei geschlossenem Topf und kleiner Hitze köcheln lassen. Sind die Kartoffeln und Möhren weich gekocht, sie etwas zerdrücken. Mit Salz, Zucker und Essig abschmecken. Darüber fein gehackte Petersilie streuen.

Linseneintopf

1 Bd. Suppengrün
500 g Kartoffeln
4 Rauchenden oder Bouillonwürstchen
1 Dose Linsensuppe (wahlweise mit oder
    ohne Fleischeinlage)
Salz
Essig

Suppengrün putzen, Kartoffeln schälen, waschen und in Stücke schneiden. Die Rauchenden mit den Kartoffeln und dem Suppengrün gar kochen. Den Inhalt der Dose dazugeben, bei kleiner Hitze kurze Zeit weiter köcheln lassen. Mit Salz und Essig abschmecken.

☞ *Für die Eintöpfe mit Fleisch gilt bei uns: Das Fleisch bzw. die Wurst kommt zum Servieren auf einen Extrateller. Dann kann sich jeder das für ihn passende Fleisch in der richtigen Menge nehmen.*

Serbische Bohnensuppe

(8–10 Portionen, Zubereitungszeit ca. 2 Std.)
Falls Sie nicht so viele Gäste haben, eignet sich
dieses Gericht sehr gut zum Einfrieren.

Öl für den Topf
1 kg Thüringer Mett
2–3 Zwiebeln
1–2 kg mehlig kochende Kartoffeln
3–4 Stangen Porree
3–4 grüne Paprika
8 Knoblauchzehen
1 große Dose geschälte Tomaten (800 g)
3 große Dosen weiße Bohnen (à 800 g)
1 Bd. Suppengrün
3 kleine Dosen Tomatenmark
Oregano
Salz
Pfeffer

In einem großen Topf Öl erhitzen und Mett und
Zwiebeln darin anbraten. Kartoffeln, Porree,
Paprika und Knoblauch klein schneiden und
dazugeben. Mit Wasser bedecken, kurz aufkochen lassen und dann für ca. 30 Minuten bei
kleiner Hitze köcheln lassen. Tomaten mit der
Gabel etwas zerdrücken und in die Suppe
geben. In einem extra Topf die weißen Bohnen
mit dem klein geschnittenen Suppengrün in
Wasser erhitzen und das Tomatenmark unterrühren. Das Bohnengemisch in die Suppe
geben, mit Oregano, Salz und Pfeffer würzen
und auf kleiner Hitze noch ca. 10 Minuten
köcheln lassen. Mit Weißbrot servieren.

Das mögen wir immer
Pizza und Pasta

Nudeln machen glücklich

Pasta, bei uns schlicht und ergreifend Nudeln genannt, lieben wir besonders. Sie sind das Herzstück meiner Küche. Ein Teller leckere Spaghetti, der Geruch von frisch geriebenem Käse, ketchupverschmierte lächelnde Kindermünder, für meinen Mann und mich ein Glas Rotwein – Nudeln machen uns glücklich.

Ob lang oder kurz, dick oder dünn, grün oder gelb, sie schmecken in harmloser Partnerschaft mit Kräutersalz und Ketch–up (fast) genauso gut wie in Begleitung von exquisiten Saucen oder glamourösen Beilagen. Sie werden sehen: Nudeln machen in jeder Gesellschaft eine gute Figur. Denn man kann sie ganz unkompliziert und preiswert für den Alltag herrichten oder sie aufwändig und schick für Gäste ausstaffieren. Das Pastaglück kann auch in Ihren Haushalt einziehen, wenn Sie bei dem Blick in den Vorratsschrank immer auf große Mengen von Nudeln und Tomaten, von Zwiebeln und Käse und von Parmesan und Pesto achten.

Vor dem Genießen ein Tipp für Sie: Bevor Sie die Nudeln ins sprudelnde Wasser geben, sollten Sie die Sauce fast fertig zubereitet haben. Ansonsten verkochen die Nudeln, während Sie noch schneiden und schnippeln.

Nudeln mit Tomatensauce

3 Zwiebeln

1 kg reife Tomaten oder 1 große Dose geschälte Tomaten (800 g)

500 g Nudeln

Öl für die Pfanne

Salz

Pfeffer

1/2 TL Zucker

2 EL Schlagsahne

Zwiebeln abziehen und fein würfeln. Tomaten mit heißem Wasser überbrühen und häuten (oder die bereits geschälten Tomaten in der Dose nehmen). Zwiebeln in heißem Öl andünsten, Tomaten hinzugeben und mit Salz, Pfeffer und Zucker würzen. Bei kleiner Hitze etwa 10–15 Minuten köcheln lassen. Sahne unterrühren und weitere 2 Minuten kochen lassen. Sauce mit Salz und Pfeffer abschmecken. Reichlich Wasser in einem großen Topf zum Kochen bringen, Salz und einige Tropfen Öl hinzugeben. Nudeln nach Anweisung kochen, abschütten und in einem Sieb abtropfen lassen. Um ein Zusammenkleben der Nudeln zu vermeiden, behalten Sie etwa 2–3 EL Kochwasser zurück, um darin die Nudeln zu vermengen.

☺ *Aus dieser kinderfreundlichen Sauce wird durch ein paar Spritzer Tabasco oder einen halben Teelöffel Sambal Oelek eine scharfe Angelegenheit für Erwachsene.*

Spaghetti mit Hackfleischsauce

2 kleine Zwiebeln

Olivenöl für den Topf

500 g gemischtes Hackfleisch

1 kleine Dose geschälte Tomaten (400 g)

125 ml Gemüsebrühe

Salz

Pfeffer

1 Lorbeerblatt

Muskatnuss

500 g Spaghetti

geriebener Käse aus der Tüte (z. B. Emmentaler oder Gouda)

Zwiebeln schälen und klein hacken. In einem Topf Olivenöl erhitzen und Zwiebeln darin leicht glasig werden lassen. Hackfleisch dazugeben und bei starker Hitze ca. 10 Minuten anbraten. Heiße Brühe angießen, kurz einkochen lassen, danach Tomaten hinzugeben. Mit Salz, Pfeffer und einer Prise Muskatnuss würzen und bei kleiner Hitze ca. 30 Minuten schmoren lassen.

Reichlich Wasser in einem großen Topf zum Kochen bringen, Salz und einige Tropfen Öl hinzugeben. Spaghetti nach Anweisung kochen, abschütten und in einem Sieb abtropfen lassen. Die Hackfleischsauce zu den Spaghetti servieren. Nach Bedarf mit geriebenem Käse überstreuen.

Heu und Stroh

500 g gelbe und grüne Nudeln
  (z. B. Bandnudeln)
Salz
80 g Butter
1 Becher Sahne (200 g)
100 g geriebener Parmesan
Salz
Pfeffer
Muskatnuss
200 g gekochter Schinken

Reichlich Wasser in einem großen Topf zum Kochen bringen, Salz und einige Tropfen Öl hinzugeben. Nudeln nach Anweisung kochen, abschütten, in einem Sieb abtropfen lassen und warm stellen. Butter in einem großen Topf erhitzen und die Sahne zugießen. Parmesan langsam und gleichmäßig unter die Buttersahne rühren und mit Salz, Pfeffer und einer Prise Muskatnuss würzen. Schinken in sehr kleine Würfel schneiden. Schinken und Nudeln in die Sauce geben und vermengen. Zugedeckt bei schwacher Hitze noch einige Minuten ziehen lassen.

☞ *Der Name Heu und Stroh bezieht sich auf die gelbe und grüne Farbe der Nudeln. Sie können natürlich auch nur auf eine Nudelsorte zurückgreifen.*

Spaghetti alla carbonara

500 g Spaghetti
Öl für die Pfanne
150 g geräucherter Schinken
    (bzw. Schinkenspeck)
6 EL Sahne
3 Eier
ca. 150 g frisch geriebener Parmesan
Salz
Pfeffer

Reichlich Wasser in einem großen Topf zum Kochen bringen, Salz und einige Tropfen Öl hinzugeben. Spaghetti nach Anweisung kochen, abschütten und in einem Sieb gut abtropfen lassen. Währenddessen Öl in einer hohen Pfanne (die sich auch zum Servieren eignet) erhitzen. Schinken in feine Streifen schneiden und knusprig braten. Sahne einrühren und einmal aufkochen lassen. Spaghetti bei milder Hitze in die Speck-Sahne-Mischung geben und vermengen. Eier und Parmesan mit dem Schneebesen schaumig schlagen. Gut mit den Nudeln vermischen. Mit Salz und Pfeffer würzen.

35

Tortellini in Schinken-Sahne-Sauce

1 Zwiebel

150 g gekochter Schinken

40 g Butter

1 Becher Sahne (200 g)

Muskatnuss

Pfeffer

Salz

500 g Tortellini (mit Fleisch- oder Käse-
füllung, je nach Geschmack)

Salz

geriebener Käse aus der Tüte
(z.B. Emmentaler oder Gouda)

Zwiebel schälen und fein hacken. Schinken klein würfeln. Butter in einem nicht zu kleinen Topf erhitzen (die Tortellini sollten später auch noch darin Platz haben) und die Zwiebel darin andünsten. Schinken und Sahne hinzugeben, erhitzen und mit Salz, Pfeffer und Muskatnuss würzen. Währenddessen reichlich Wasser zum Kochen bringen, Salz und einige Tropfen Öl hinzugeben. Tortellini nach Anweisung kochen, abschütten und in einem Sieb gut abtropfen lassen. Anschließend mit der Sauce vermengen. Nach dem Servieren je nach Geschmack mit Käse überstreuen.

Tortellini in Tomaten-Sahne

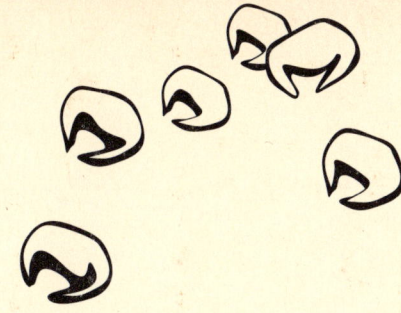

300 g Tomaten oder 1 kleine Dose geschälte
   Tomaten (400 g)

2 Knoblauchzehen

500 g Tortellini (mit Käse oder Fleischfül-
   lung, je nach Geschmack)

Öl für Pfanne und Topf

1 Becher Schmand (200 g)

Salz

Pfeffer

Oregano

geriebener Käse aus der Tüte (z.B. Emmentaler oder Gouda)

Tomaten überbrühen, häuten und klein schneiden. Knoblauch schälen und fein hacken. 1 EL
Öl in einem Topf erhitzen, Knoblauch andünsten. Tomaten hinzugeben und etwa 5 Minuten
auf kleiner Flamme kochen lassen. Schmand
einrühren, etwas einkochen lassen und mit
Salz, Pfeffer und Oregano würzen. Währenddessen reichlich Wasser aufsetzen, Salz und Öl
hinzugeben. Die Tortellini nach Anweisung
kochen, abschütten und in einem Sieb gut
abtropfen lassen. Anschließend mit der Sauce
vermengen. Nach dem Servieren je nach Geschmack mit geriebenem Käse überstreuen.

Scharfe Nudeln

1 Zwiebel
2 Knoblauchzehen
Olivenöl für den Topf
2 getrocknete Chilischoten
1 große Dose geschälte Tomaten (800 g)
Salz
500 g kurze Nudeln
frisches Basilikum (falls nicht vorhanden
getrocknetes)
Pfeffer
frisch geriebener Parmesan, ersatzweise
geriebener Käse aus der Tüte

Zwiebel und Knoblauch schälen. Olivenöl in einem flachen Topf erhitzen. Gewürfelte Zwiebel und fein gehackten Knoblauch darin andünsten. Zerbröselte Chilischoten und Tomaten hinzugeben. Zugedeckt bei schwacher Hitze etwa 10 Minuten ziehen lassen. Basilikum waschen und fein hacken und unter die Sauce rühren. Mit Salz und Pfeffer würzen. Die Nudeln nach Anweisung kochen. Abgießen und mit der Sauce vermengen. Nach Geschmack Parmesan darüber streuen.

☺ *Die Schärfe dieses Gerichtes mildern Sie – ganz kindgerecht – etwas ab, wenn Sie die Chilischoten weglassen und Ihre eigene Portion dann mit etwas Sambal Oelek nachwürzen. Sie können die Sauce auch mit 2–3 EL Sahne zu einem schmackhaften orangefarbenen Sößchen machen.*

Spaghetti mit Gorgonzolasauce

500 g Spaghetti
Öl für die Nudeln
Salz
4 frische Salbeiblätter
1 EL Butter
200 g Gorgonzola
1 Becher Sahne (200 g)
weißer Pfeffer
einige Spritzer Zitronensaft

Reichlich Wasser in einem großen Topf zum Kochen bringen, Salz und einige Tropfen Öl hinzugeben. Spaghetti nach Anweisung kochen, abschütten und in einem Sieb gut abtropfen lassen. Inzwischen Salbeiblätter waschen und gut mit Küchenpapier trocknen. In einer großen Pfanne (zum Servieren geeignet) Butter erhitzen, Salbei kurz aufschäumen lassen, Gorgonzola einrühren und bei schwacher Hitze erwärmen, bis er geschmolzen ist. Unter ständigem Rühren zwei Drittel der Sahne langsam dazugießen. Mit Salz und Pfeffer würzen und mit Zitronensaft abschmecken. Sauce bei schwacher Hitze leicht eindicken lassen. Nudeln in die Pfanne geben. Restliche Sahne darüber gießen und alles gut durchmischen. Salbeiblätter nach Belieben entfernen.

☞ *Für eine kalorienärmere Variante bietet es sich an, die Hälfte der Sahne gegen Milch auszutauschen!*

Nudeln mit Pilzen

250 g frische Champignons
1 Zwiebel
100 g Schinkenspeck
Öl für den Topf
1 Becher Sahne (200 g)
1 Becher Schmand (200 g)
Salz
Pfeffer
500 g Nudeln (nach Wahl)
geriebener Käse aus der Tüte
    (z.B. Emmentaler oder Gouda)

Pilze putzen und klein schneiden. Zwiebel schälen und fein hacken. Schinkenspeck würfeln. Öl in einem kleinen Topf erhitzen, Pilze, Zwiebel und Speck darin anbraten. Sahne und Schmand hinzugeben und mit Salz und Pfeffer würzen. Kurz aufkochen lassen. Nudeln nach Anweisung kochen, abgießen und mit der Sauce servieren. Mit Käse überstreuen.

☞ *Falls die Saucenmenge nicht ausreicht, können Sie sie mit etwas Gemüsebrühe strecken.*

☺ *Statt der Champignons können Sie auch Pfifferlinge verwenden. Um die typische Farbe der Pfifferlinge zu erhalten, geben Sie ca. 1/2 TL Tomatenmark in die Sauce.*

Lasagne

(Benötigt ca. 1,5 Std. Zubereitungszeit)

200 g Lasagne-Nudeln
1 Zwiebel
1 Knoblauchzehe
Öl für die Pfanne
200 g gemischtes Hackfleisch
200 g Tomaten (aus der Dose oder frisch,
   aber dann gehäutet)
1 TL Instantgemüsebrühe
Salz
Pfeffer
Oregano
50 g Butter
2–3 EL Mehl
500 ml Milch
geriebener Parmesan, ersatzweise geriebener Käse aus der Tüte (z.B. Emmentaler)

Ragoutsauce: Zwiebel und Knoblauch im heißen Fett leicht anbraten. Hackfleisch hinzufügen und einige Minuten anbräunen. Tomaten und Instantbrühe hinzugeben und mit Salz, Pfeffer und Oregano würzen.

Bechamelsauce: Butter zerlassen, Mehl und Milch hinzufügen und unter ständigem Rühren bei kleiner Flamme kochen lassen. Sauce nicht zu dickflüssig werden lassen.

Eine rechteckige Auflaufform mit Butter ausstreichen, etwas Bechamelsauce hineingeben, dann Lasagne-Teigblätter einschichten und Ragoutsauce darüber geben. Schichtweise Bechamelsauce, Lasagne-Blätter und Ragoutsauce einfüllen und mit geriebenem Käse bestreuen. Die letzte Nudelschicht gut mit Saucen und Käse bedecken, einige Butterflöckchen darüber geben. Im Backofen bei 180 Grad (Gas Stufe 3) ca. 30 Minuten backen, bis der Käse goldbraun ist.

☞ *Sollte der Käse zu schnell bräunen,*
   zwischendurch mit Alufolie abdecken. Mit
   einem frischen Salat servieren.

41

Was ihr wollt
Pizza zum Selberbasteln

Vor einiger Zeit waren wir bei Freunden eingeladen und haben eine wirklich leckere Pizza gegessen – fanden die Erwachsenen. Die Hausfrau hatte weder Aufwand noch Mühe gescheut und den Teig mit kulinarischen Reichhaltigkeiten bedeckt, mit Paprika und Mais, Pilzen und Artischocken, Kapern und Sardellen. Weniger begeistert waren die Kinder. Sie zückten die Inquisitionsbestecke und verbannten konsequent jede »Exotik« von ihrer Pizza. Nur Tomate und Käse fanden Gnade vor ihren Augen.
Voller Mitgefühl für meine Freundin habe ich beschlossen, aus dieser Erfahrung zu lernen. Die Pizza wird bei mir seitdem aufgeteilt und für Klein und Groß unterschiedlich zubereitet: Die eine Seite wird übersichtlich und unspektakulär mit Schinken, Paprika und einer Spur Käse belegt, während die andere Seite pfiffiger und pikanter mit Sardellen, Peperoni oder Artischocken ausgestattet ist. »Selberbasteln je nach Gusto« habe ich zu meinem Motto gemacht und so die Herzen von kleinen und großen Pizzaliebhabern erobert.

Die folgenden Rezepte sind in meiner Familie und in meinem Freundeskreis häufig erprobt und für Sie als Anregung gedacht. Kombinieren Sie mutig die verschiedenen Variationen miteinander und wagen Sie getrost eigene Pizzakreationen, je nach Geschmack und Vorlieben. Alles ist erlaubt – aber reservieren Sie immer einen Teil für Ihre Jüngsten.

Anleitung zum Pizzabasteln

1. Schritt: Für den Pizzateig können Sie zwischen zwei verschiedenen Grundrezepten wählen: Quark-Öl-Teig geht schnell und gelingt auch ungeübten Pizzabäckern; der Hefeteig-Klassiker braucht etwas Übung und Fingerspitzengefühl.

2. Schritt: Der Pizzateig bekommt dann einen Belag aus Tomatenmasse, Kräutern und Knoblauch, der für jede der folgenden Pizzavarianten die richtige Grundlage bietet. Guten Appetit!

Grundrezepte für den Teig

Quark-Öl-Teig

200 g Magerquark
1 Ei
6 EL Milch
8 EL Öl

1 Prise Salz
350 g Mehl
1 Päckchen Backpulver
etwas Mehl zum Ausrollen
(Die Menge reicht für eine übliche Blech-
    größe.)

Quark mit dem Ei verrühren, Milch und Öl nacheinander hinzugeben und cremig rühren, dann die Prise Salz und langsam das Mehl mit dem Backpulver hinzugeben und unterrühren. Mit dem Löffel alles unterrühren und dann durchkneten. Teig ausrollen und auf ein gefettetes Backblech legen.

Eine feine, pikante Variante entsteht, wenn man bereits in den Teig ein paar getrocknete Kräuter streut, z.B. Thymian oder Oregano.

Hefeteig

300 g Mehl
Salz
6 EL Olivenöl
20 g frische Hefe

Mehl, Salz und 4 EL Öl in einer Schüssel vermischen. In der Mitte eine Mulde eindrücken. Die Hefe mit etwa 125 ml lauwarmen Wasser verrühren. In die Mehlmulde gießen und mit etwas Mehl anrühren. Etwa 15 Minuten zugedeckt stehen lassen. Dann zu einem glatten Teig verkneten. Den Teig in der Schüssel zugedeckt an einem warmen Platz ca. 45 Minuten gehen lassen, bis sich sein Volumen etwa verdoppelt hat. Blech mit Margarine oder etwas Öl einfetten und den Teig darauf gleichmäßig verteilen.

☞ *Ganz schnell geht es, wenn man sich für eine Variante aus Fertigteig entscheidet, die man ruck, zuck aus dem Kühlschrank zaubert!*

Grundbelag für die Pizza
Basis für alle Pizzakreationen

1/2 Päckchen passierte Tomaten (250 g)
    (oder geschälte Tomaten aus der Dose)
ca. 2 Teelöffel Oregano
3 Knoblauchzehen
Salz
Pfeffer
nach Bedarf etwas Sambal Oelek

Tomaten, zerdrückten Knoblauch und Oregano vermengen, mit Salz und Pfeffer und gegebenenfalls etwas Sambal Oelek würzen. Gleichmäßig auf dem Teig verteilen.

Pizza Normale

Teig und Grundbelag siehe oben
200 g Salami in Scheiben
2 Zwiebeln
100 g Champignons
(frisch oder aus der Dose)
1 Paprika
1–2 Peperoni
150 g geriebener Käse (z.B. Emmentaler,
Gouda)
Salz
Pfeffer

Salamischeiben gleichmäßig auf Teig und
Tomatensauce verteilen. Zwiebeln, Pilze,
Paprika und Peperoni klein würfeln und vor
dem geriebenen Käse gleichmäßig über das
Blech streuen. Die Pizza im vorgeheizten
Backofen bei 200 Grad (Gas Stufe 3–4) ca.
30 Minuten backen.

☺ *Wie wäre es mit dieser Bastelidee: Salami,*
Paprika und natürlich Käse für die ganze
Pizza, Pilze, Zwiebeln und Peperoni schmücken
zusätzlich die Erwachsenenseite?

Pizza Hawaii

Teig und Grundbelag siehe oben
250 g gekochter Schinken
1 kleine Dose Ananas in Stücken
1 kleine Dose Gemüsemais
150 g geriebener Käse

Schinken klein schneiden und gleichmäßig mit
Ananasstücken und Mais über den Teig verteilen, Käse darüber streuen und im vorgeheizten
Backofen bei 200 Grad (Gas Stufe 3–4) ca.
30 Minuten backen.

Pizza Vier Jahreszeiten

Teig und Grundbelag siehe oben
150 g frische Champignons
   (oder aus dem Glas)
150 g gekochter Schinken
150 g Artischockenherzen aus dem Glas
150 g schwarze Oliven
250 g Mozzarella

Pilze säubern, putzen und in dünne Scheiben schneiden. Schinken würfeln. Abgetropfte Artischockenherzen vierteln oder achteln. Je ein Viertel der Pizza jeweils mit Pilzen, Schinken, Artischocken und Oliven belegen. Mozzarella würfeln und gleichmäßig darüber geben. Mit dem übrigen Olivenöl beträufeln. Die Pizza im vorgeheizten Backofen bei 200 Grad (Gas Stufe 3–4) ca. 30 Minuten backen, bis der Käse verlaufen und der Teig schön gebräunt ist.

☞ *Das Prinzip des unterschiedlichen Belegens einer Pizza hat diese Pizzavariante weltberühmt gemacht. Es kann hervorragend auch auf andere Pizzakreationen angewendet werden, um Kinder und Erwachsene glücklich satt zu bekommen. Jeder bekommt »sein« Viertel!*

Pizza Tunfisch

Teig und Grundbelag siehe oben
3 Zwiebeln
2 Dosen Tunfisch (in Öl)
1 Dose Gemüsemais
200 g geriebener Käse

Zwiebeln in halbe Ringe schneiden, Tunfisch abgießen, auf einem Teller grob auseinander ziehen und über dem Teig verteilen. Mais und Zwiebeln ebenfalls verteilen und zum Schluss den Käse darüber streuen. Die Pizza im vorgeheizten Backofen bei 200 Grad (Gas Stufe 3–4) ca. 30 Minuten backen.

Kombinieren und variieren Sie Ihre Pizza nach Lust und Laune. Versuchen Sie z.B.

- eine Pizza Vegetaria mit Pilzen, Paprika, Brokkoli und Mais;
- eine Pizza Shrimps mit Krabben, Knoblauch und Tomaten;
- eine Pizza Sicilia mit Kapern und Sardellen;
- eine Pizza Mozzarella mit Tomaten, Mozzarella und Basilikum
- oder eine Pizza Vampir mit viel Knoblauch, Salami und Schinken.

Forschungsfeld Küche
Aufläufe und mehr

Ich weiß nicht wieso und warum, aber als ich Kind war, gab es noch keine Aufläufe. Zumindest in meinem Elternhaus nicht. Geht es Ihnen auch so?

Den klassischen Nudelauflauf habe ich erst später kennen und lieben gelernt. Er bestand aus einer großen Portion Eiernudeln, einer Spur Kochschinken, Eier-Sahne und Käse aus der Tüte. Köstlich! Ich habe diesen Auflauf geliebt und ihn für mich, für Nachbarn und Freunde, für Studien- und Arbeitskolleginnen gezaubert.

Es blieb nicht bei diesem einen Zauberstück. Intensive Forschungen auf dem Gebiet der »experimentellen« Kochlehre führten mich zu der elementaren und spektakulären Erkenntnis: Vieles passt zusammen. Wenn einst nur brave Nudeln in meiner Auflaufschüssel ihr Dasein fristeten, sind heute schon mal frechere und gewagtere Gemüse- und Fleischkombinationen unter dem Käsemantel verborgen. Denn mit Aufläufen kann man viele Wünsche erfüllen. Ob Fleisch, Fisch oder vegetarisch – grenzenlos wie die Palette der Zutaten reichen die phantasievollen Kreationen vom bloßen Sattwerden bis hin zur himmlischen Gaumenfreude. Ihrer Experimentierfreudigkeit sind also keine Grenzen gesetzt.

Diese überbackenen Herrlichkeiten sind nicht nur lecker, sondern auch praktisch. Einerseits sind sie sehr gut vorzubereiten. Ihre andere Seite zeigen Sie bei einem Blick in den Kühlschrank, frei nach der Devise: Was passt hier zusammen? Oder manchmal auch: Was muss weg? Und für Nachzügler oder zweite Tage lassen sich Aufläufe hervorragend aufwärmen.

Nudelauflauf »Klassik«

500 g Nudeln (z.B. Band- oder Spiral-
    nudeln)
200 g gekochter Schinken
150 g geriebener Käse (z.B. Emmentaler
    oder Gouda)
2 Eier
etwas Butter
Öl für die Form

Nudeln gar kochen, Auflaufform einfetten,
Schinken klein würfeln. Auflaufform schichtweise mit Nudeln, Schinken, Käse füllen und
mit den verquirlten Eiern übergießen. Mit
kleinen Butterflöckchen (ca. 3 bis 4) und etwas
Käse bedecken. Auflaufform abdecken und im
vorgeheizten Backofen bei 200 Grad (Gas Stufe
3–4) ca. 30 Minuten im Ofen backen.

Himmel und Erde

750 g Kartoffeln
1 l Gemüsebrühe
4 Rauchenden
Salz
Pfeffer
Muskatnuss
500 g Äpfel
Öl für die Pfanne
3 große Zwiebeln

Kartoffeln schälen und in der Brühe mit den
Rauchenden in 20 Minuten gar kochen. Rauchenden herausnehmen, Brühe abgießen und die
Kartoffeln grob zerstampfen oder pürieren. Mit
Gewürzen abschmecken. Äpfel schälen, in
große Stücke schneiden, mit wenig Wasser gar
kochen und pürieren. Kartoffelbrei und Apfelmus verrühren und die Rauchenden wieder
hinzugeben. Zwiebelringe in Öl kross anbraten
und auf dem Gericht verteilen.

Nudelauflauf mit Spinat

1 Päckchen TK-Spinat (450 g)
300 g Bandnudeln
Salz
Öl für die Pfanne
200 g Greyerzer oder Emmentaler Käse
4 Zwiebeln
40 g Margarine
2 Knoblauchzehen
Muskatnuss
3 Eier
250 ml Milch
Fett für die Auflaufform

Spinat auftauen lassen und Wasser abgießen. Nudeln in reichlich Salzwasser mit Öl in etwa 10 Minuten bissfest kochen. Anschließend Nudeln in ein Sieb geben und abtropfen lassen. Käse raspeln. Zwiebeln abziehen, in dünne Scheiben schneiden und bei mittlerer Hitze in der Margarine glasig dünsten. Knoblauch zerdrücken, mit dem Spinat zu den Zwiebeln geben und weiter bei mittlerer Hitze unter Rühren 3–4 Minuten dünsten. Die Hälfte des Käses unterrühren und den Spinat mit Salz und Muskatnuss abschmecken. Eier in die Milch geben, mit einer Gabel verschlagen und mit Salz und wenig Muskatnuss würzen. Eine ofenfeste Form sorgfältig einfetten. Etwa die Hälfte der Nudeln in die Form geben. Spinatmischung darauf verteilen und mit den restlichen Nudeln abdecken. Eiermilch nochmals durchrühren und über die Nudeln gießen. Mit restlichem Käse bestreuen. Margarine in kleinen Stückchen auf dem Auflauf verteilen. Im vorgeheizten Backofen bei 200 Grad (Gas Stufe 3–4) 30–40 Minuten backen.

☞ *Schön anzusehen ist dieser Auflauf, wenn Sie eine Handvoll Pinienkerne vor dem Backen darüber streuen.*

Nudelauflauf mit Hackfleisch

Öl für Pfanne und Auflaufform
400 g gemischtes Hackfleisch
2 Zwiebeln
Salz
Pfeffer
400 g Bandnudeln
500 g Brokkoli
250 ml Gemüsebrühe
1 Becher Schmand (200 g)
3 Tomaten
200 g geriebener Käse (Emmentaler oder
    junger Gouda)

Öl in der Pfanne erhitzen und das Hackfleisch darin krümelig braten. In der Zwischenzeit Zwiebeln abziehen, fein würfeln und mit dem Fleisch ca. 2–3 Minuten mitbraten, mit Salz und Pfeffer würzen. Reichlich Wasser in einem großen Topf zum Kochen bringen, Salz und einige Tropfen Öl hinzugeben.

Bandnudeln nach Anweisung kochen, abschütten und in einem Sieb abtropfen lassen. Brokkoli von den Stängeln befreien, waschen, in Röschen teilen und diese nochmals halbieren. 5 Minuten in der Gemüsebrühe garen lassen, abgießen, abtropfen lassen und die Brühe aufbewahren. Tomaten in Scheiben schneiden, vorher die Stängelansätze herausschneiden. Hackfleisch und 2/3 der Nudeln in eine eingefettete Auflaufform füllen. Broccoliröschen und Tomaten darauf anrichten und mit Salz und Pfeffer würzen. Gemüsebrühe mit dem Schmand verrühren und darüber gießen, mit den restlichen Nudeln abdecken und zum Abschluss mit dem geriebenen Käse bestreuen. Im vorgeheizten Backofen bei 200 Grad (Gas Stufe 3–4) ca. 25 Minuten backen lassen.

☺ *Kinder lieben Nudelaufläufe! Meistens. Wenn nicht, nehmen Sie einfach eine entsprechende Menge Nudeln vorher ab und reichen eine Portion Gemüse extra.*

Grundrezept: Auflauf mit Kartoffeln

ca. 800 g Kartoffeln
1 kleiner Blumenkohl
1 Becher Sahne (200 g)
3 Eier
3 Knoblauchzehen
Salz
Pfeffer
200 g geriebener Käse

Kartoffeln und Blumenkohl schälen bzw. putzen, waschen und jeweils fast gar kochen. Nach dem Abkühlen Kartoffeln in Scheiben schneiden und als erste Schicht in der Auflaufform verteilen. Blumenkohl darauf legen und mit einer weiteren Schicht Kartoffelscheiben zudecken.

Sahne mit den Eiern und den ausgepressten Knoblauchzehen verrühren. Mit Salz und Pfeffer würzen. Eiersahne über den Auflauf geben und mit dem Käse bedecken. Im vorgeheizten Backofen bei 200 Grad (Gas Stufe 3–4) ca. 20 Minuten überbacken, bis die Eiersahne gestockt und der Käse goldbraun und knusprig ist.

☺ *Dieser Auflauf schmeckt auch lecker mit Brokkoli oder Rosenkohl. Wer mag, kann auch ein paar Möhren dazutun.*

☺ *Aus diesem Auflauf machen Sie ganz leicht einen Fleischauflauf, wenn Sie zwischen Kartoffeln und Gemüse noch ca. 300 g gebratenes Hackfleisch oder auch nur ein bisschen gebratenen Schinken oder Speck geben.*

Spanische Eierpfanne

Öl für die Pfanne
2 Zwiebeln
1 Knoblauchzehe
400 g Bauernsalami
1/2 Glas Paprika (à 400 g)
1 große Dose Erbsen
4 Eier
Salz
Pfeffer
etwas Zucker

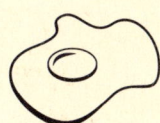

Öl in einer hohen Pfanne (oder einem niedrigen Topf) erhitzen. Zwiebeln und Knoblauch schälen, klein hacken und glasig andünsten. Salami in dünne Scheiben (oder kleine Stückchen) schneiden und hinzugeben. Bei mittlerer Hitze und mehrmaligem Wenden ca. 5 Minuten anbraten. Abgegossene Tomatenpaprika hinzugeben und vermengen. Erbsen ebenfalls abgießen und darüber geben. Jetzt nicht mehr verrühren! Mit Salz, Pfeffer und Zucker würzen. 8–10 Minuten bei kleiner Hitze einkochen lassen. Eier aufschlagen, gleichmäßig auf die Erbsen setzen und nochmals mit Salz und Pfeffer würzen. Zugedeckt weiter köcheln lassen, bis die Eier fest geworden sind.

Fischauflauf

Öl für die Pfanne und die Auflaufform
600 g Fischfilet (Seelachs, TK)
500 g Kartoffeln
Salz
Pfeffer
2 Knoblauchzehen
1 Stange Porree
3 Möhren
1 Becher Schmand (200 g)
125 ml Gemüsebrühe
200 g geriebener Käse (z.B. Emmentaler)

Öl in der Pfanne erhitzen, Fisch ca. 3–5 Minuten scharf anbraten. Kartoffeln schälen, waschen und halb gar kochen. In Stücke schneiden. Knoblauch schälen und zerdrücken. Zusammen mit den Kartoffeln auf den Boden der eingefetteten Auflaufform legen. Salzen und pfeffern. Gemüse schälen und klein schneiden. Zusammen mit dem Fisch auf die Kartoffeln geben.

Schmand mit der Brühe verrühren und über den Auflauf gießen. Zugedeckt im vorgeheizten Backofen bei 180 Grad (Gas Stufe 3) ca. 30 Minuten backen. 10 Minuten vor Backende mit geriebenem Käse überstreuen.

Risi-Bisi

1 Zwiebel
Olivenöl für den Topf
250 g Langkorn-Reis
500 ml Gemüsebrühe
1 große Dose Erbsen
200 g gekochter Schinken
1 EL Butter
Salz
weißer Pfeffer
frisch geriebener Parmesan

Zwiebel schälen und fein hacken. Öl in einem Topf erhitzen, Zwiebel darin glasig anbraten. Reis (ungekocht) einrühren und 3 Minuten mitbraten. Brühe zugießen und den Reis bei milder Hitze in ca. 20 Minuten garen lassen. Erbsen abgießen. Schinken würfeln. Erbsen und Schinken mit dem Reis vermengen. Butter hinzugeben. Parmesan nach Bedarf darüber streuen.

☺ *Favorisieren Ihre Kinder vielleicht Pilze und Mettbällchen oder Paprika, Knoblauch und Tomaten? Kein Problem: Anstelle von Erbsen und Schinken können Sie diese und andere Variationen ausprobieren.*

Süßer Reisauflauf

400 g Kirschen (frisch oder aus dem Glas)
200 g Rundkornreis (Milchreis)
1 Prise Salz
2 Eier
3–4 EL Zucker
Saft von einer Zitrone

Falls Sie frische Kirschen verwenden: Kirschen waschen, entsteinen und ca. 5 Minuten in etwas Wasser weich kochen, nach Bedarf süßen. Kirschen in die Auflaufform geben. Milchreis mit einer Prise Salz nach Anweisung gar kochen. (Er kann ruhig noch etwas »Biss« haben.) Eier, Zucker und Zitronensaft verquirlen und mit dem fertigen Reis vermengen. Auf die Kirschen geben. Im vorgeheizten Backofen bei 180 Grad (Gas Stufe 3) ca. 30 Minuten im Ofen backen. Mit etwas Zimt und Zucker servieren.

☺ *Wer es lieber mag, kann diesen Auflauf auch mit Pflaumen oder Äpfeln und Rosinen auf den Tisch bringen.*

Rin in die Kartoffeln

Kartoffelgerichte

Kartoffeln sind alles andere als bieder und langweilig. Der Schein trügt, die Kartoffel hat ihren faden Ruf längst gegen den einer vielseitigen und tollen Knolle eingetauscht. Das Aufregende für Sie: Die Kartoffel setzt ihrer Kochlust keine Grenzen. Sie dürfen nach Herzenslust kochen, braten, backen, gratinieren, fritieren, pürieren und werden belohnt mit ebenso einfachen wie wunderbaren Gerichten. Ob Sonntag oder Montag, ob Kinderbesuch oder illustre Gäste – Kartoffeln sind bei jeder Gelegenheit die richtige Wahl. Denn wer die Kartoffel liebt, darf seine Leidenschaft zwischen Hausmannskost und Haute Cuisine ungestraft entfalten, weil für rotweiße Pommes und Gratin dauphinois weit und breit keine Konkurrentin in Sicht ist. Die bodenständigen Gemüter erreichen Glückseligkeit in ihrer Liebelei zu Kartoffelpuffern oder Bratkartoffeln. Anspruchsvollere Gaumen gehen spätestens mit einer legierten Kartoffelsuppe eine lebenslange Liebesbeziehung ein. Und sind wir mal ehrlich: Jedes noch so verstimmte kleine Lecker-Mecker-Mäulchen wird bei Kartoffelpüree entzückend sanftmütig! Da die Liebe ja bekanntermaßen durch den Magen geht, hat die Kartoffel also ihren festen Platz auf unserem Speiseplan.

Der Variationsreichtum ist jedoch längst nicht ihr einziger Vorzug: Die Kartoffel ist außerdem auch – was jedes Mutterherz höher schlagen lässt – nahrhaft und vitaminreich und allen Gerüchten zum Trotz erfreulicherweise arm an Kalorien!!!

Kartoffelpüree

1 kg mehlig kochende Kartoffeln
ca. 250 ml Milch
Salz
Pfeffer
Muskatnuss

Kartoffeln schälen, waschen und in Salzwasser gar kochen. Abschütten und mit einer Kartoffelpresse oder einem Kartoffelstampfer unter Zugabe von Milch zu einem Brei verarbeiten. (Je nach Kartoffelsorte brauchen Sie unterschiedlich viel Milch.) Mit Salz, Pfeffer und ein wenig Muskatnuss gut würzen.

☺ *Kartoffelpüree mit Frikadellen oder Würstchen sind ein vollständiges Essen – für Kinder wie auch für Erwachsene. Wenn Sie etwas angebratene Speckwürfel untermengen, wird das Kartoffelpüree zusammen mit einem Salat zu einem kleinen Hauptgericht.*

Pommes frites selbst gemacht

Mit einer Friteuse im Haus schmecken Pommes frites auch hervorragend selbst gemacht. Schälen Sie eine ausreichende Menge Kartoffeln (1 – 1,5 kg, am besten etwas mehr einplanen) und schneiden Sie sie in gleichmäßige Streifen oder Spalten. Das Fett in der Friteuse erhitzen und los geht es.

☺ *Zu den Pommes frites muss man nicht immer Fleisch essen. Zusammen mit einem grünen oder bunten Salat wird aus ihnen ein Hauptgericht.*

☞ *Zu Pommes schmecken diverse Saucen, Ketchup, Mayonnaise und auch Senf.*

Dömpers
(Dämpfkartoffeln)

2–3 Zwiebeln
1,5 kg Kartoffeln (vorw. fest kochend)
Öl für die Pfanne
Salz
Pfeffer
etwas Wasser

Zwiebeln schälen und in Ringe schneiden, Kartoffeln waschen, schälen und in dünne Scheiben schneiden. Öl in einer hohen Pfanne (mit Deckel) oder einem flachen Topf erhitzen. Zwiebeln darin glasig andünsten, Kartoffelscheiben hinzugeben und schichtweise salzen und pfeffern. Einen Finger breit mit Wasser aufgießen, so dass die Kartoffeln nicht anbrennen können. Nach Bedarf Wasser nachgießen. Bei geschlossenem Deckel ca. 30 Minuten auf kleiner Flamme garen. Sind die Kartoffeln dann noch nicht weich, noch 15 Minuten weiter köcheln lassen. Gelegentlich wenden.

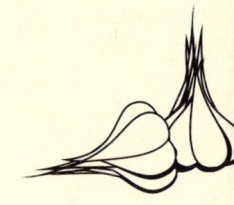

☺ *Zusammen mit Spiegeleiern sind Dömpers ein ideales und vielgeliebtes Kindergericht.*

☞ *Besonders gut schmecken Dömpers, wenn man Zwiebeln und Kartoffeln zum Schluss etwas anbraten lässt.*

Bratkartoffeln

1 kg fest kochende Kartoffeln
200 g durchwachsener Speck
3 Zwiebeln
Margarine oder Öl für die Pfanne
Salz

Kartoffeln vorkochen (kann schon am Vortag geschehen). Abgekühlte Kartoffeln pellen und in Scheiben schneiden. Speck (ohne Schwarte) in kleine Würfel schneiden. Zwiebeln abziehen und ebenfalls würfeln.

In einer großen Pfanne zunächst die Speckwürfel in heißem Fett bei kleiner Hitze langsam knusprig braten. Speck aus der Pfanne nehmen und beiseite stellen. Kartoffelscheiben in die Pfanne geben und bei mittlerer Hitze braten, bis die Kartoffeln von der Unterseite braun sind. Vorsichtig wenden, Zwiebelstückchen zufügen und die andere Seite ebenfalls braun braten. Zum Schluss Speck dazugeben und alles noch mal kurz durchbraten. Bratkartoffeln mit Salz würzen.

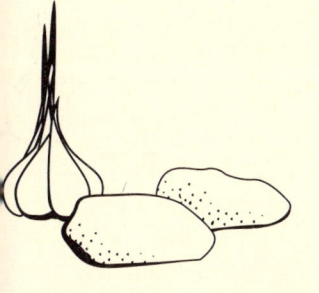

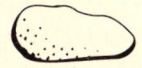

☺ *Bratkartoffeln sind eine ideale Beilage für viele Fleischgerichte. Sie schmecken aber auch als Hauptgericht, besonders wenn Sie pro Portion ein Ei darüber geben und mitbraten.*

Grundrezept: Kartoffelsalat

1,5 kg fest kochende Kartoffeln
Salz
Pfeffer
1 Zwiebel
100 ml Gemüsebrühe
2 EL Essig
1 TL Senf
6 EL Öl (oder 150 g leichte Mayonnaise)

Kartoffeln waschen und fast gar kochen (beim Hineinpieksen sollten sie innen noch etwas fest sein). Abkühlen lassen und pellen, in dünne Scheiben schneiden und in eine Schale geben. In einem kleinen Topf die fein gehackten Zwiebeln mit der heißen Brühe vermengen und mit Essig, Senf, Salz und Pfeffer würzen. Marinade über die Kartoffeln geben und gut durchziehen lassen. Später Öl (oder Mayonnaise) dazugeben und unterrühren. Mit Salz und Pfeffer abschmecken.

☺ *Im Kartoffelsalat schmeckt noch vieles mehr: Tomaten, Gurken, Paprika, gekochte Eier, gekochter Schinken, gebratene Speckwürfel oder Fleischwurststückchen, Apfelstückchen, Petersilie, Schnittlauch, Dill …*

Himmel und Erde

Siehe Kapitel »Forschungsfeld Küche – Aufläufe und mehr«, S. 49

Kartoffelsuppe

Siehe Kapitel »Heute, Morgen und Übermorgen – Suppen und Eintöpfe«, S. 28

Kartoffelgratin

Margarine oder Öl für die Form
1 Knoblauchzehe
ca. 1 kg fest kochende Kartoffeln
Salz
Pfeffer
Muskatnuss
2 Eier
500 ml Milch
2 EL Crème fraîche

Eine Auflauf- oder Quicheform einfetten, mit der geschälten und halbierten Knoblauchzehe ausreiben. (Wer gerne einen stärkeren Knoblauchgeschmack hat, hackt 1–2 Knoblauchzehen klein und verteilt sie auf dem Formboden.) Kartoffeln schälen und mit einem Küchentuch sauber abreiben. In sehr feine Scheiben schneiden und dachziegelartig in die Form schichten. Jede Schicht salzen, pfeffern und mit Muskatnuss bestreuen. Eier mit Milch und Crème fraîche leicht verquirlen und über den Kartoffeln verteilen. Das Gratin im vorgeheizten Backofen bei 180 Grad (Gas Stufe 3) in ca. 1 Std. goldbraun garen.

☺ *Etwas reichhaltiger wird das Kartoffelgratin, wenn man es ca. 10 Minuten vor Ende der Garzeit mit reichlich geriebenem Käse bestreut.*

☞ *Wenn die oberste Schicht zu dunkel wird, empfiehlt es sich, das Gratin mit Alufolie abzudecken.*

Käse-Kartoffeln vom Blech

1,5 kg Kartoffeln
250 ml Gemüsebrühe
Salz
Pfeffer
1 TL gemahlener Kümmel
2 Zwiebeln
1 Bd. Frühlingszwiebeln
2 Becher saure Sahne (à 200 g)
2 Eier
150 g geriebener Käse (Emmentaler)
4 Tomaten
1 Bd. Schnittlauch
etwas Butter

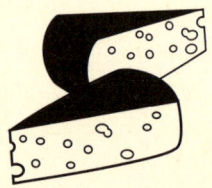

Geschälte rohe Kartoffeln in Scheiben schneiden und auf ein Backblech legen. Mit Gemüsebrühe übergießen und mit Salz, Pfeffer und Kümmel würzen. Fein gehackte Zwiebeln und Frühlingszwiebeln darauf verteilen. Im vorgeheizten Backofen bei 200 Grad (Gas Stufe 3–4) 15 Minuten backen. In der Zwischenzeit die saure Sahne mit dem Käse und den Eiern verrühren. Tomaten in dünne Scheiben schneiden, auf den Kartoffeln verteilen und die Sahnemischung darüber gießen. Frisch gehackten Schnittlauch und Butterflöckchen darauf setzen. Nochmals 10 Minuten im Ofen backen.

☺ *Wenn Ihre Kinder keine Tomaten mögen, können Sie getrost darauf verzichten. Auch der Kümmel kann durch Kräuter Ihrer Wahl ersetzt werden.*

☞ *Käse-Kartoffeln vom Blech eignen sich gut als Beilage zu allen Fleischgerichten.*

Thymiankartoffeln

1,5 kg Kartoffeln
200 g Schinkenspeck
Öl für das Blech
2–3 Knoblauchzehen
Salz
Pfeffer
Thymian (frisch oder getrocknet)
150 g geriebener Käse (z.B. Emmentaler)

Kartoffeln schälen und in gleich große Stücke schneiden. Schinkenspeck in Streifen schneiden und auf dem eingefetteten Blech verteilen. Kartoffelstücke ebenfalls gleichmäßig darüber verteilen. Knoblauch schälen, fein hacken und darüber geben. Mit Salz, Pfeffer und Thymian würzen. Kartoffeln im Backofen bei mittlerer Hitze mind. 1 Std. garen (die Garzeit ist abhängig von der Größe der Kartoffelstücke: je größer, desto länger dauert es). Kurz vor Ende der Garzeit mit Käse überstreuen.

☺ *Auch ohne Schinkenspeck und Käse sind die Thymiankartoffeln eine herzhafte Beilage.*

☞ *Die Garzeit können Sie durch Vorkochen der Kartoffeln auf 10–15 Minuten verkürzen.*

Folienkartoffeln

8 große, mehlig kochende Kartoffeln
2 Becher Crème fraîche (à 150 g)
Salz
Pfeffer
1 großes Bd. Schnittlauch (sonst 2 kleine)
Alufolie

Kartoffeln unter kaltem Wasser gründlich abbürsten. Mit Schale in kochendes Wasser geben
und ca. 10 Minuten vorkochen. Abtropfen
lassen und in entsprechend große Stücke
Alufolie wickeln. Im vorgeheizten Backofen bei
200 Grad (Gas Stufe 4) ca. 30 Minuten backen.
In der Zwischenzeit Crème fraîche mit Salz und
Pfeffer würzen und verrühren. Schnittlauch
abspülen, im Geschirrhandtuch vorsichtig
trocken schleudern. Schnittlauch in Röllchen
schneiden. Kartoffeln mit Stricknadel, Gabel
oder Küchenmesser einstechen und prüfen,
ob sie gar sind. Dann in der Folie einritzen,
leicht auseinander drücken und etwas abdamp-
fen lassen. Jeweils einen Löffel Crème fraîche
darauf geben. Mit Schnittlauch bestreuen.

☺ *Klassischerweise isst man Folienkartoffeln mit
purer Crème fraîche. Dazu schmecken aber auch
andere »Cremes« wie z. B. Tsatsiki (siehe
Kapitel »Von der Hand in den Mund – Büffets
für das Familienfest«, S. 107).*

Porreequark

250 g Magerquark
200 g Sahnefrischkäse
1 Becher Schmand (200 g)
2–3 kleine Stangen Porree
etwas Essig
Salz
Pfeffer
1 Prise Zucker

Magerquark, Frischkäse und Schmand verrühren. Porree putzen, in feine Ringe schneiden und in Salzwasser kurz aufkochen lassen. Kalt abspülen, abtropfen lassen und unter den Quark rühren. Mit Essig, Salz, Pfeffer und Zucker abschmecken.

Kartoffelpuffer

1 kg vorwiegend fest kochende Kartoffeln
1 Zwiebel
1/2 TL Salz
2 Eier
Öl für die Pfanne

Kartoffeln waschen und schälen. Zwiebeln klein hacken. Kartoffeln fein reiben oder in der Küchenmaschine raffeln. Zwiebeln, Salz und Eier dazugeben und vermengen. Pro Puffer einen großen Löffel Kartoffelmasse in sehr heißes Fett geben. Die Hitze etwas verringern und von jeder Seite ca. 2 Minuten braten. Wenn die Puffer innen noch roh sind, verlängern Sie die Bratzeit etwas. Mit Zucker und Apfelmus genießen.

☺ *Zu einer feineren Variante für Erwachsene, z. B. als Vorspeise, werden Kartoffelpuffer mit erwärmtem Räucherlachs. Dazu ein kleiner Klecks Meerrettichsauce – traumhaft!*

Bauernfrühstück

(2 Portionen)

500 g Pellkartoffeln
1 Zwiebel
100 g geräucherter Schinken (ersatzweise durchwachsener Speck)
Margarine oder Öl für die Pfanne
Salz
Pfeffer
4 Eier
4 EL Milch
1 Bd. Schnittlauch
Gewürzgurken

Abgepellte Kartoffeln in Scheiben schneiden. Zwiebeln abziehen und in Ringe schneiden. Schinken würfeln. Fett in einer Pfanne erhitzen und darin die Kartoffelscheiben unter Wenden braun braten. Zwiebelringe zu den gebräunten Kartoffeln geben und glasig braten. Salzen und pfeffern. Eier, Milch, Salz und Pfeffer verquirlen. Schinken unter die Kartoffeln heben und die Eiermilch hinzugießen. Bei kleiner Hitze stocken lassen. Kartoffeln wenden und von der anderen Seite braten. Zum Servieren mit Schnittlauchröllchen und Gewürzgurken dekorieren.

☞ *Falls Sie statt Schinken Speck verwenden, sollte er in der Pfanne bei mittlerer Hitze vorgebraten werden.*

☞ *Für das »Wendemanöver« können Sie einen kleinen Trick anwenden: Lösen Sie die Kartoffeln vorsichtig vom Pfannenboden und lassen sie die Masse auf einen Teller gleiten. Decken Sie nun einen zweiten Teller auf die Kartoffeln und drehen die Teller um. Nun mit der noch zu bräunenden Seite zurück in die Pfanne geben und das Ei ganz stocken lassen.*

Sonntagsbraten und Co.
Fleischgerichte

Es muss nicht immer ein Braten sein: Kurz-gebratenes, Geschnetzeltes und Gehacktes bieten gleichberechtigte und auch spannende Varianten für den alltäglichen Hunger. Aber wenn ich meinen Göttergatten frage, was er am liebsten essen möchte, antwortet er: Schweinebraten mit Knödeln, Rotkohl und brauner Sauce! Vielleicht nur im Spaß dahingesagt, beinhaltet diese Selbstbekundung eine tiefe Sehnsucht nach deftigen Genüssen jenseits von Cholesterinwarnungen und vegetarischen Selbstgeißelungen. 35 Jahre alt musste ich werden, um auch selbst einen guten Braten würdigen zu können! Denn ein Braten ist nicht immer gleich ein Braten. Er ist weit mehr als das allseits bekannte Familienritual, das in mehlverschwitzter Sauce allsonntäglich Punkt zwölf genossen oder geduldet wird. Der Sonntagsbraten – dieses von mir so zögerlich angetretene mütterliche Erbe – darf bei mir ohne schwere Saucen und auch mal am Montag oder Dienstag auf den Tisch. Gespickt mit Knoblauch oder Speck, eingebettet in Schalotten oder Pilze und gekrönt mit Kräutern und Gewürzen entfaltet er dann seine ganze ihm eigene Pracht.

Vielleicht ist Fleisch wirklich ein Stück Lebenskraft. Ob Schwein, Rind, Lamm oder Geflügel – die einerseits hochgelobten und gleichzeitig heftigst kritisierten tierischen Proteine haben jedenfalls alle gesellschaftspolitischen Krisen erfolgreich überstanden. Und um ganz offen zu sein: Auch meine Familie liebt Fleisch! Manchmal für den kleinen feinen Appetit, aber gerade und besonders für den gewaltigen Bärenhunger.

Frikadellen

Siehe Kapitel »Von der Hand in den Mund –
Büffets für das Familienfest«, S. 109

Bratwurst mit Currysauce

4 frische oder vorgebrühte Bratwürste
Öl für die Pfanne
1/2 Päckchen passierte Tomaten (250 g) oder
    Ketchup
1/2 TL Currypulver
1/2 TL Kräuter der Provence
Salz
Pfeffer

Bratwürste in sehr heißem Fett gut durchbraten.
Vorher passierte Tomaten, Currypulver, Kräuter,
Salz und Pfeffer zu einer glatten Sauce verrühren und über die Bratwürste geben. Sie
können die Bratwürste aber auch ganz einfach
mit Ketchup servieren. Dann das Currypulver
über den Ketchup streuen.

☺ *Räuber Hotzenplotz isst seine Bratwürste
natürlich immer mit Sauerkraut. Geht es jedoch
nach Kinderwunsch, gibt es zu Bratwürsten
Pommes frites oder Kartoffelpüree.*

Wiener Schnitzel

4 Kalbs- oder Schweineschnitzel
Salz
Pfeffer
3 EL Mehl
1 Ei
1–2 EL Milch
1 EL Öl
2 Tassen Semmelbrösel
Öl für die Pfanne
1 Zitrone

Schnitzel mit dem Handballen leicht klopfen,
etwas salzen und pfeffern und in dem Mehl
wenden. Ei mit der Milch und dem Öl leicht
verquirlen. Schnitzel von beiden Seiten in die
Flüssigkeit tauchen, etwas abtropfen lassen,

anschließend von beiden Seiten sanft in die Semmelbrösel drücken. Öl in der Pfanne erhitzen und die Schnitzel von jeder Seite 3–5 Minuten (je nach Dicke) braten. Zitrone in Scheiben schneiden. Zitronensaft nach Bedarf über die Schnitzel träufeln.

☺ *Zu Wiener Schnitzel essen Kinder gerne Kartoffelpüree und einen süßen Salat.*

☞ *Beim Braten werden Kalb- und Schweinefleisch sehr schnell zäh. Daher nicht zu lange braten.*

Pikantes Schnitzel

500 g dünne Kalbs- oder Schweineschnitzel
   (8 Stück)
100 g luftgetrockneter Schinken
Salbeiblätter
Öl für die Pfanne
Pfeffer
Salz
etwas Zitronensaft
1–2 TL Schmand

Auf jedem Schnitzel eine Scheibe Schinken und ein Salbeiblatt mit einem Zahnstocher feststecken. Öl in einer Pfanne erhitzen. Die vorbereiteten Schnitzel von jeder Seite ca. 2 Minuten anbraten. Etwas salzen und pfeffern. Bratensaft mit etwas Zitronensaft und Schmand zu einer Sauce verrühren.

☺ *Noch pikanter werden die Schnitzel mit Gorgonzola: Sie belegen die Schnitzel jeweils mit einer Scheibe Schinken, bestreichen Sie großzügig mit Gorgonzola und setzen dann das Salbeiblatt darauf. Schnitzel zusammenklappen, würzen, in etwas Mehl wenden und braten. Für Kinder empfiehlt es sich aber oft, Schinken und Salbei wegzulassen. Ob mit oder ohne, zu den Schnitzeln schmecken Kartoffelgratin, Nudeln oder Salat.*

☞ *Sind die Schnitzel dick, nehmen Sie nur vier und schneiden sie seitlich auf. Innen vorsichtig pfeffern und salzen, Schinken und Salbei hineinlegen. Von beiden Seiten je nach Dicke ca. 4 Minuten anbraten.*

Zürcher Geschnetzeltes

750 g Kalbsfilet (oder Schweinefilet)
1 Zwiebel
50 g Margarine
2 EL Mehl
250 ml Fleischbrühe
1 Becher Sahne (200 g)
125 ml Weißwein oder Gemüsebrühe
Salz
Pfeffer
1 Bd. frische Petersilie

Fleisch in dünne Streifen schneiden. Zwiebel abziehen und fein würfeln. In heißem Fett glasig dünsten. Fleisch dazugeben und etwa 2 Minuten braten (die Flüssigkeit sollte verdampft sein). Mehl über das Fleisch streuen und unterrühren. Brühe und Sahne hinzugeben, dann wahlweise Wein oder Gemüsebrühe. Aufkochen lassen und ca. 5 Minuten garen lassen. Mit Salz und Pfeffer abschmecken. Petersilie waschen und fein hacken. Kurz vor dem Servieren über das Geschnetzelte streuen.

☺ *Dazu passen nicht nur – ganz klassisch – Kartoffelrösti, sondern auch andere Kartoffelgerichte. Ein richtiges Kinderessen wird Zürcher Geschnetzeltes aber mit kurzen Nudeln.*

Hähnchenkeulen

Siehe Kapitel »Von der Hand in den Mund – Büffets für das Familienfest«, S. 105

Putengeschnetzeltes

600 g Putenfleisch
Öl für Pfanne
3–4 TL Currypulver
1 Becher Sahne (200 g)
1 (kleine) Dose Ananas in Stücken
2 Bananen
500 ml Milch
2 EL Saucenbinder (hell)
Salz
Pfeffer

Putenfleisch in Streifen schneiden, im heißen Öl anbraten und mit etwas Currypulver würzen. Mit Sahne ablöschen und kurz einkochen lassen. Ananas und klein geschnittene Bananen hinzufügen und mit der Milch aufgießen. Restliches Currypulver langsam einrühren und bei kleiner Hitze ca. 15 Minuten aufkochen lassen. Den Saucenbinder einrühren und noch einmal aufkochen lassen. Mit Salz und Pfeffer würzen. Dazu schmeckt Reis am besten!

☺ *Wenn Sie Cashewkerne vorrätig haben, geben Sie eine Handvoll mit in die Sauce.*

Hühnerfrikassee

1 Bd. Suppengrün
1,5 l Wasser
Salz
8 Pfefferkörner
1 Lorbeerblatt
1 kleine Zwiebel
1 Suppenhuhn
40 g Butter
40 g Mehl
200 g Champignons aus der Dose
200 g Spargel aus der Dose
2 Eigelb
125 ml Sahne
weißer Pfeffer
1 TL Zitronensaft

Suppengrün putzen, waschen und klein schneiden. Wasser mit Salz, Pfefferkörnern, Lorbeerblatt, klein gehackter Zwiebel und fein geschnittenem Suppengrün zum Kochen bringen. Das gewaschene Huhn in das kochende Wasser legen. Zugedeckt bei milder Hitze in ca. 1,5 Stunden weich kochen. Das Huhn aus der Brühe nehmen (Brühe aufbewahren!), häuten, Fleisch von den Knochen lösen und in kleinere Stücke schneiden. Butter in einem Topf zerlassen. Mehl hinzugeben und unter Rühren hellgelb braten. Nach und nach gut 500 ml der Hühnerbrühe durch ein Sieb einrühren. Eigelb mit der Sahne verquirlen und in die Sauce rühren. Champignons und Spargel abtropfen lassen, Pilze evtl. halbieren. Hühnerfleisch, Pilze und Spargel hinzugeben und erhitzen, aber nicht mehr kochen lassen. Mit Salz, Pfeffer und Zitronensaft abschmecken. Dazu passt Reis und ein grüner Salat.

☺ *Vielleicht mögen Ihre Kinder das Hähnchenfleisch lieber ohne Sauce. Dann behalten Sie doch etwas zurück und servieren es pur, zusammen mit dem Reis.*

Schweinefilet überbacken

600 g Schweinefilet
1 Ei
Mehl
Salz
weißer Pfeffer
Öl
500 g kleine Tomaten
500 g frische Champignons
1 Becher Sahne (200 g)
1 Becher Schmand (200 g)
Saft von einer halben Zitrone
etwas Milch

Schweinefilet in dünne Scheiben schneiden. In verschlagenem Ei und einem Gemisch aus Salz, Pfeffer und Mehl wenden. In erhitztem Öl auf beiden Seiten kurz braten. Abkühlen lassen. Tomaten oben kreuzweise einritzen. Champignons waschen, trocknen und in Scheiben schneiden. Eine Auflaufform einfetten und die Filetscheiben hineingeben. Wenn möglich in der Mitte etwas Platz für die Tomaten lassen. Champignons darüber verteilen. Tomaten dazwischen setzen. Sahne und Schmand mit dem Zitronensaft verrühren, mit etwas Milch strecken und nach Geschmack mit Salz und Pfeffer würzen. Alles über den Auflauf gießen. Diesen in die mittlere Schiene des vorgeheizten Ofens schieben und bei etwa 220 Grad (Gas Stufe 4–5) ca. 25 Minuten backen.

☞ *Dieser Auflauf ist gut geeignet, wenn Sie sich Ihre Zeit einteilen müssen, denn man kann das Fleisch schon am Vortag vorbereiten und anbraten.*

73

Chili con carne

Siehe Kapitel »Von der Hand in den Mund – Büffets für das Familienfest«, S. 108.

Gulasch

800 g Schweinefilet (oder Schweinefilet und Rinderfilet halb und halb)
Öl für die Pfanne
Salz
Pfeffer
1 Zwiebel
1 EL Mehl
1–2 EL Sahne
1 EL Saucenbinder

Das Fleisch in gleich große Stücke schneiden. Öl in einem Topf erhitzen. Fleischstücke hineingeben und unter Wenden sehr heiß anbraten. Mit Salz und Pfeffer würzen. Zwiebel schälen, fein hacken und im Topf mit anbräunen lassen. Das Fleisch mit etwas Mehl bestäuben. Mit kochendem Wasser aufgießen, bis die Fleischstücke fast bedeckt sind. Ca. 1 Stunde bei kleiner Hitze auf der Platte weiter schmoren lassen. (Gulasch wird dabei eher besser, d. h. zarter, je länger man es schmoren lässt.) Bratensaft mit etwas Sahne abrunden und evtl. mit Saucenbinder andicken.

☺ *Kindern schmeckt Gulasch oft sehr gut. Falls nicht, etwas Sauce ohne Fleisch abnehmen, gegebenenfalls mit etwas Ketchup oder passierten Tomaten strecken und zu der Beilage (Reis oder Nudeln) servieren.*

☺ *Versuchen Sie auch mal Paprikagulasch mit 2 roten Paprikaschoten, 4 Tomaten und einer Handvoll Champignons, die Sie geputzt, gewaschen und fein geschnitten zu dem schmorenden Gulasch geben. Mit Paprikapulver und Sojasauce abschmecken.*

Schweinebraten

(4–6 Portionen)

Bratzeit ca. 2 Stunden

1,5 kg Nackenbraten (mit etwas Fett) oder
   Schinkenbraten (sehr mager)
Margarine oder Öl für den Topf
Salz
Pfeffer
Paprikapulver
2 Zwiebeln
5 Knoblauchzehen
4 große Tomaten
Kräuter der Provence

Braten mit Salz und Pfeffer einreiben und im heißen Fett von allen Seiten anbraten. Jede Seite nach dem Wenden großzügig mit Paprika würzen. Nach dem Anbraten heißes Wasser zugießen (bis der Boden bedeckt ist). In diesen Sud klein geschnittene Zwiebeln, Knoblauchzehen und ganze Tomaten hineingeben (wer mag, kann sie vorher häuten). Darüber ca. 2–3 TL Kräuter der Provence streuen. Abdecken und auf mittlerer Flamme ca. 2 Stunden braten. Hin und wieder wenden und immer wieder etwas heißes Wasser zugießen, so dass ein leckerer Bratensud entsteht.

☞ *Stellen Sie sich – bevor es losgeht – eine ganze Kanne kochendes Wasser zurecht und lassen Sie Ihren Braten nicht zu lange aus den Augen. Wer möchte, kann den Bratensud mit etwas Mondamin zu einer Sauce andicken.*

☞ *Ein besonderer Genuss für Kinder sind Schupfnudeln als Beilage.*

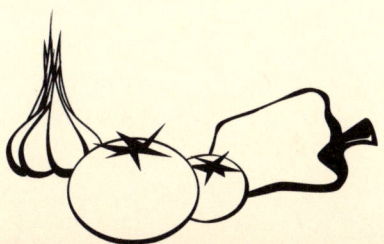

Lammkeule

1 Lammkeule (1,5–2 kg ohne Knochen)
4–5 Knoblauchzehen
Öl für die Pfanne
1 l Gemüsebrühe
2 Zwiebeln
2 Möhren
Wacholderbeeren
1 Lorbeerblatt
Salz
Pfeffer

Lammkeule waschen und trocken tupfen. Knoblauch in Stifte schneiden und die Lammkeule damit spicken. (Mit einer Fleischgabel oder einem Küchenmesser gleichmäßig das Fleisch etwas einschneiden und die Knoblauchstifte in die Einschnitte stecken.) Öl in einem Bratentopf erhitzen und das Fleisch darin von allen Seiten scharf anbraten. Mit Brühe aufgießen. Zwiebeln und Möhren schälen, klein schneiden und hinzugeben. Mit ca. 5 Wacholderbeeren, einem Lorbeerblatt, Salz und Pfeffer würzen. Bei 200 Grad (Gas Stufe 3–4) auf der mittleren Stufe mind. 1 bis 1,5 Stunden im Backofen schmoren lassen.

☺ *Ist Ihr Bratentopf groß genug, können Sie die rohen Kartoffeln geschält und geschnitten zu der Keule geben und mit im Ofen garen lassen. Dazu schmecken aber auch besonders gut Thymiankartoffeln (siehe Kapitel »Rin in die Kartoffeln – Kartoffelgerichte«, S. 63). Nicht nur Ihren Kindern zuliebe eignen sich auch Nudeln als Beilage.*

La dolce vita
Nachtisch und Kuchen

Nachtisch – das süße Finale: egal wie viel Geschnetzeltes, Fischstäbchen oder Nudeln sich schon im Bauch breit machen, die luftigen Köstlichkeiten finden immer noch ein Plätzchen. Für alle kleinen und großen Süßmäuler ist das Zuckerzeug sogar heimlicher Höhepunkt des Essens. Sie träumen von leichten Baisers, sahneverführten Beeren, von honigtriefenden Waffeln und opulenter Mousse au chocolat.

Haben Sie auch Süßmäuler in der Familie? Sie sind leicht daran zu erkennen, dass sie Cremiges, Fruchtiges und Sahniges ständig, immer und überall mögen. In Ermangelung von Nachschub zeigen sie sogar anfallsartige Symptome eines akuten Zuckernotstands, der nach sofortiger Therapie verlangt. Ich spreche Ihnen aus der besorgten Mutter-Seele? Dann verzagen Sie nicht. Mit den folgenden Rezepturen kann ich Ihnen einige »Hausmittel« vorstellen, die sich für die Linderung der süßen Lust bewährt haben. Zusätzlich empfehle ich als vorsorgliche Maßnahme die Anschaffung größerer Mengen von Fertigprodukten wie z.B. Eis, Joghurt oder Pudding.

Vanillepudding oder
Schokoladenpudding

1 Päckchen Puddingpulver
40 g Zucker
500 ml Milch

Puddingpulver mit dem Zucker vermengen und
mit etwas Milch glatt rühren. Übrige Milch zum
Kochen bringen, Puddingpulver hineingeben
und unter ständigem Rühren nochmals aufkochen lassen. Die heiße Masse in eine Schale
geben und abkühlen lassen.

☺ *Verfeinern können Sie den Pudding, indem Sie*
z.B. Pfirsiche oder Birnen (abgetropft aus der
Dose) in die Schale geben und die Pudding-
masse darüber gießen. Sie können die Schale
auch zuerst mit Keksen (z.B. Butterkeksen) und
Rosinen füllen und dann den Pudding darüber
geben. So wird ein ganz normaler Pudding zu
einer Überraschung.

Vanillequarkcreme

1 Päckchen Vanillepuddingpulver
500 ml Milch
500 g Magerquark
100 g Zucker (ca. 5–6 EL)

Puddingpulver mit 2 EL Zucker vermengen und
mit etwas Milch glatt verrühren. Übrige Milch
zum Kochen bringen, Puddingpulver hineingeben und unter ständigem Rühren nochmals
aufkochen lassen. Quark und restlichen Zucker
in eine Schale geben, die heiße Masse darüber
gießen. Alles locker vermengen und abkühlen
lassen.

☺ *Vanillequarkcreme schmeckt hervorragend mit*
Himbeersirup oder fertigen Fruchtsaucen. Auch
zum Obstsalat ist sie sehr zu empfehlen!

Obstsalat

2 Äpfel
2 Bananen
1 Apfelsine oder 2–3 Mandarinen
1 kleine Dose Ananas
Rosinen bzw. Sultaninen
1/2 Becher Sahne (100 g, es geht auch Dosenmilch)
etwas Zucker
Saft von 1 Zitrone

Äpfel, Bananen, Apfelsinen schälen, klein schneiden und in eine Schale geben. Kleinge-schnittene Ananas und Rosinen hinzugeben. Zuckern und mit Sahne übergießen. Zitronen-saft darüber träufeln.

☺ *Sie können den Obstsalat natürlich auch um Trauben, Pfirsiche, Birnen oder Kiwis erweitern. Variieren Sie ganz nach Geschmack.*

Früchtequark

1 Packung TK-Beeren (ca. 300 g)
500 g Quark (20%)
500 ml Milch
ca. 100 g Zucker
1 Päckchen Vanillinzucker
1 Becher Schlagsahne (200 g)
1/2 Tafel Vollmilch-Schokolade

Früchte auftauen. Quark, Milch, Zucker und Vanillinzucker verrühren. Sahne steif schlagen und vorsichtig mit der Quarkcreme vermengen. Früchte unterrühren. Schokolade darüber raspeln.

☺ *Sie können auch frische Früchte der Saison verwenden, z. B. Erdbeeren, Blaubeeren oder auch Äpfel. Darüber schmecken wahlweise gehackte Nüsse, Rosinen oder Mandelblättchen.*

Blaubeercreme

250 g frische oder tiefgekühlte Blaubeeren
1 Becher Sahne (200 g)
200 g weiße Schokolade
400 g Joghurt Natur
1 Päckchen Vanillinzucker
3 EL Zucker

Blaubeeren auftauen und etwas zuckern. Die
Sahne mit der Schokolade in einen kleinen Topf
geben, bei leichter Hitze schmelzen. Topf vom
Herd nehmen, Joghurt, Zucker und Vanillinzucker unterrühren. Creme in den Kühlschrank
stellen. Wenn Sie völlig erkaltet ist, die Blaubeeren mit der Creme schichtweise in eine Schale
oder hohe Gläser füllen.

Rote Grütze

600 g frisches Obst (z. B. Himbeeren,
    Johannisbeeren, Erdbeeren, Kirschen
    oder eine Mischung aus allen)
1 Päckchen Rote-Grütze-Pulver
500 ml roter Fruchtsaft oder Wasser
80 g Zucker

Obst waschen, putzen, in einen Topf geben und
aufkochen lassen. Rote-Grütze-Pulver mit Saft
und Zucker verrühren und unter das Obst
mengen. Nochmals aufkochen lassen, dabei
ständig umrühren. In eine Glasschale geben
und abkühlen lassen.

☞ *Wahlweise können Sie statt frischer auch
tiefgefrorene Früchte verwenden: ohne Auftauen
in den Topf geben. Dazu passen Schlagsahne,
Vanillequarkcreme oder Vanilleeis.*

Schichtpudding

1. Schicht: Rote Grütze aus Kirschen nach
Anweisung zubereiten, in eine Glasschale
geben und auskühlen lassen.

2. Schicht: Vanillepudding nach Anweisung
zubereiten und auf die Kirschen gießen.
Warten, bis der Pudding fest geworden ist.

3. Schicht: Quark oder Sahnequark anrühren
und über den Pudding geben.
Mit Schokoladenraspeln überstreuen.

Aller Anfang ist Kuchen

Kinder helfen gerne. Besonders bei der Zubereitung von Kuchen, wenn es gilt die Teigschüssel auszulecken. Bekanntermaßen erzeugen hilfreiche Kinderhände aber auch Phänomene wie Mehlwolken und Zuckerregen, wenn sie ebenso fieberhaft wie unbeholfen versuchen, Zutaten abzumessen und zu verrühren. Sie wissen es selbst: Ihre Geduld wird dann auf eine harte Probe gestellt, sorgsam ausgetüftelte Zeitpläne leiden, mit Zustandsveränderungen des Küchenbodens ist zu rechnen.

Aber auch wenn Sie auf klebrige Schleckfinger und ihre Folgen nicht besonders erpicht sind: Lassen Sie sich helfen! Bringen Sie Ihre Kinder nicht um ihre ersten Erfolge. Denn es geht nicht um den perfektesten Kuchen aller Zeiten, sondern um Eigenständigkeit und Selbstvertrauen in der Küche. Eine gute Freundin unserer Familie – Anneliese – favorisiert dafür den sogenannten Becherkuchen, bei uns aus nahe liegenden Gründen »Schnelle Anneliese« genannt. Ein Becher Sahne gilt hier als Maßeinheit für alle weiteren Zutaten, so dass auch Kinder, die des Lesens und der Zahlen noch nicht ganz mächtig sind, einen richtigen kompletten Kuchen backen können. Sehen Sie selbst!

Schnelle Anneliese
(Becherkuchen)

Rührteig:

1 Becher Schlagsahne (250 g)
1 Becher Zucker (250 g)
1 Päckchen Vanillinzucker
1 Prise Salz
4 Eier
2 1/2 Becher Mehl (500 g)
1 Päckchen Backpulver
Fett und Mehl für das Backblech

Belag:

125 g Butter
1 Becher Zucker (250 g)
4 EL Milch
2 Becher Mandelblättchen (200 g)
1 Päckchen Vanillinzucker

Schlagsahne, Zucker, Vanillinzucker und Salz mit den Quirlen des Handrührers verrühren. Eier, Mehl und Backpulver nach und nach dazugeben. Teig auf ein gefettetes und mit Mehl bestreutes Backblech geben und gleichmäßig verstreichen. Im vorgeheizten Backofen bei 175 Grad (Gas Stufe 2) ca. 10–12 Minuten vorbacken. Aus dem Ofen nehmen.

Butter bei kleiner Hitze schmelzen lassen. Flüssige Butter mit Zucker, Milch, Mandelblättchen und Vanillinzucker verrühren. Die Mischung auf den vorgebackenen Kuchen geben und verstreichen. Bei gleicher Temperatur weitere 15–20 Minuten backen, bis die Mandeln goldbraun sind. Etwas abkühlen lassen und in Stücke teilen.

☞ *Sie können als Maß auch einen 200 g-Becher für die anderen Zutaten verwenden. Die Mengenangaben für Vanillinzucker, Eier, Backpulver und Mandelblättchen bleiben aber gleich (siehe oben). Dann wird der Kuchen sogar etwas lockerer.*

☞ *Statt Mandeln kann man auch Haselnussblättchen verwenden.*

Dinosaurier und Co.
(Rührkuchen)

150 g Zucker
125 g Butter
1 Päckchen Vanillinzucker
3 Eier
200 g Mehl
1/2 Päckchen Backpulver
Butter oder Margarine für die Form
   (Springform 26 cm)

Eier in Eigelb und Eiweiß trennen. Zucker, Butter, Vanillinzucker und Eigelb schaumig rühren. Mehl und Backpulver hinzugeben und zu einem Teig verkneten. Eiweiß steif schlagen und darunter heben. Teig in eine gut eingefettete und gemehlte Form geben und im vorgeheizten Backofen bei 180 Grad (Gas Stufe 2–3) in 50–60 Minuten goldgelb backen.

☞ *Dieser einfache Rührkuchen macht sich gut in einer besonderen Form, wie z.B. einem Herzen oder einem Dinosaurier.*

☺ *Sie können den Kuchen mit Puderzucker bestreuen, mit geschmolzener dunkler Schokolade überziehen oder ganz kindgerecht mit Gummibärchen und Liebesperlen verzieren. Die Zutaten müssen je nach Größe der Form variiert werden.*

Rosinenkuchen

3 Eier
250 g Margarine
225 g Zucker
1 Päckchen Vanillinzucker
1 EL Zitronensaft
500 g Mehl
1 Päckchen Backpulver
250 g Rosinen
1 Tafel Vollmilchschokolade
Margarine für die Form

Eier, Margarine, Zucker, Vanillinzucker und
Zitronensaft schaumig rühren. Mehl und
Backpulver hinzugeben. Noch nicht verrühren!
Zuerst die Rosinen und die in kleine Stückchen
geschnittene Schokolade vorsichtig mit dem
Mehl vermengen. Dann den Teig gut durchkne-
ten. Bei Bedarf etwas Milch hinzugeben. Bei 175
Grad (Gas Stufe 2) in einer eingefetteten Gugl-
hupfform ca. 45 Minuten backen.

Marmorkuchen

3–4 Eier
250 g Margarine
250 g Zucker
1 Päckchen Vanillinzucker
1 Prise Salz
500 g Mehl
1 Päckchen Backpulver
30 g dunkles Kakaopulver
1–2 EL Zucker
2–3 EL Milch

Eier, Margarine, Zucker, Vanillinzucker und
Salz schaumig rühren. Mehl und Backpulver
hinzugeben und (wenn nötig mit ca. 100 ml
Milch) zu einem glatten Teig verkneten. 2/3 des
Teigs in eine Kastenform geben. Den restlichen
Teig in der Rührschüssel lassen. Kakaopulver,
Zucker und Milch verrühren und mit dem
restlichen Teig mischen. Diesen dunklen Teig
auf dem hellen Teig verteilen. Um ein Marmor-
muster zu erzielen, eine Gabel spiralenförmig
durch beide Teigschichten ziehen. Im vorgeheizten Backofen bei 175 Grad (Gas Stufe 2)
ca. 45 Minuten backen.

Apfelkuchen

2 Eier
125 g Margarine
125 g Zucker
1 EL Zitronensaft
1 Päckchen Vanillinzucker
1 Prise Salz
200 g Mehl
2 gestrichene TL Backpulver
Margarine für die Form
5–6 weiche Äpfel
etwas Puderzucker

Eier, Margarine, Zucker, Zitronensaft, Vanillinzucker und Salz schaumig rühren. Mehl und Backpulver hinzugeben, zu einem Teig verkneten und in eine eingefettete Springform geben. Äpfel schälen, entkernen und in Spalten schneiden. Auf den Teig legen und etwas eindrücken. Im vorgeheizten Backofen bei 175 Grad (Gas Stufe 2) ca. 45 Minuten backen. Nach dem Backen mit Puderzucker bestreuen.

☺ *In den Teig können Sie auch eine Handvoll Rosinen einrühren.*

Möhrenkuchen

2 Tafeln weiße Schokolade (à 100 g)
200 g Möhren
6 Eier
150 g Butter oder Margarine
150 g Zucker
200 g ungeschälte, gehackte Mandeln
50 g Semmelbrösel
1 TL Kardamom
Backpapier oder Fett für die Form

Zerbröselte Schokolade im heißen Wasserbad schmelzen. Möhren schälen und auf einer Rohkostreibe klein reiben. Eigelb, weiches Fett und Zucker schaumig rühren. Schokolade (ca. 2 EL zum Verzieren zurückbehalten), Mandeln, Semmelbrösel, Kardamom und geraffelte Möhren nacheinander unterrühren. Eiweiß zu steifem Schnee schlagen und unter den Teig heben.

Teig in eine mit Backpapier ausgelegte oder gut eingefettete eckige Form (etwa 22 x 30 cm) oder eine Springform (26 cm) geben. Teigoberfläche glatt streichen. Im vorgeheizten Backofen bei 175 Grad (Gas Stufe 2) etwa 1 Stunde backen. Restliche Schokolade nochmals im Wasserbad schmelzen und den Kuchen damit schlierenförmig verzieren.

☞ *Dieser Kuchen lässt sich gut am Vortag vorbereiten. Wer gerade keinen Kardamom zur Hand hat, kann ihn getrost weglassen.*

87

Käsekuchen

Teig:

150 g Mehl

1 gestrichener TL Backpulver

65 g Zucker

2 Eigelb

1 EL Wasser oder Milch

50 g Butter oder Margarine

Belag:

2 Päckchen Vanillepuddingpulver

500 ml Milch

200 g Zucker

1 TL Zitronensaft

750 g Magerquark

30 g Rosinen bzw. Sultaninen

3 Eiweiß

Zum Bestreichen:

1 Eigelb

1 EL Milch

Mehl und Backpulver mischen, auf die Arbeitsplatte geben und in der Mitte eine Vertiefung machen. Zucker, Eigelb, Wasser oder Milch und das in Stücke geschnittene kalte Fett hinzugeben und zu einem glatten Teig verkneten.

2/3 des Teigs auf dem Boden einer Springform ausrollen. Übrigen Teig zu einer Rolle formen, an den Rand legen und so an die Form drücken, dass der Rand ca. 3 cm hoch wird. Teigboden mehrmals mit einer Gabel einstechen. Den Teig im vorgeheizten Backofen bei 175 Grad (Gas Stufe 1–2) ca. 20 Minuten goldgelb backen.

Für den Belag Puddingpulver mit ca. 150 g Zucker und 3 EL Milch anrühren. Übrige Milch zum Kochen bringen, angerührtes Puddingpulver hineingeben, unter ständigem Rühren kurz aufkochen lassen und von der Kochstelle nehmen. Zitronensaft hinzugeben, Quark unterrühren und unter weiterem Rühren noch einmal kurz aufkochen lassen. Die heiße Masse in eine Schüssel geben, Rosinen hinzugeben und das mit dem Rest des Zuckers sehr steif geschlagene Eiweiß darunter heben. Quarkmasse auf den Teigboden geben und glatt streichen. Eigelb und Milch verquirlen, den Kuchen vorsichtig damit bestreichen. Etwa 50–60 Minuten bei schwacher Hitze (ca. 160 Grad, Gas Stufe 2) backen.

☞ *Der Kuchen darf während des Backens kaum aufgehen. Falls erforderlich, die Hitze etwas reduzieren. Nach dem Backen den Kuchen sofort mit einem Messer von dem Springformrand lösen, jedoch in der Form erkalten lassen.*

Rhabarberkuchen

250 g Butter oder Margarine
250 g Zucker
2–3 Eigelb
500 g Mehl
50 ml Wasser
1,2 kg Rhabarber
3 Eiweiß
150 g Zucker

Margarine, Zucker, Eigelb, Mehl und Wasser zu einem Knetteig verarbeiten. Teig in Alufolie oder Pergamentpapier gewickelt 2 Std. im Kühlschrank ruhen lassen.

Rhabarber waschen, schälen und in ca. 5 cm lange Stücke schneiden. Teig in Backblechgröße ausrollen (dafür die Fläche mit Mehl bestäuben) und auf das Backblech legen. Mit einer Gabel mehrmals einstechen. Rhabarber dicht und gleichmäßig auf dem Teigboden verteilen und für 30 Minuten bei 175 Grad (Gas Stufe 2) backen.

Eiweiß zu steifem Schnee schlagen, dabei den Zucker langsam einrieseln lassen. Kuchen aus dem Backofen nehmen und etwas abkühlen lassen. Baisermasse ganzflächig über den Rhabarber streichen. Kuchen nochmals für 10 Minuten backen, bis die Baisermasse leicht gebräunt ist.

Erdbeertorte

1 Ei
75 g Margarine
100 g Zucker
200 g Mehl
1/2 Päckchen Backpulver
1 Prise Salz
ca. 2–3 EL Milch
500 g frische Erdbeeren
1 Päckchen Tortenguss

Ei, Margarine und Zucker schaumig rühren. Mehl, Backpulver und Salz gut damit vermengen. Mit der Milch zu einem glatten Teig verrühren. In die gut eingefettete Tortenbodenform geben und bei ca. 160 Grad (Gas Stufe 2) ca. 25 Minuten backen. Den Tortenboden auskühlen lassen und mit den gewaschenen Erdbeeren belegen. Tortenguss nach Anweisung anrühren und über die Torte geben.

☺ Mit etwas Pudding unter den Erdbeeren schmeckt die Torte noch besser. Dafür Vanillepudding nach Anweisung anrühren und dünn und gleichmäßig auf den Tortenboden streichen. Auskühlen lassen und mit den Früchten belegen.

☺ Je nach Saison kann man die Torte auch mit anderen frischen Früchten belegen. Erdbeeren in Kombination mit Banane schmeckt Kindern besonders gut.

Pfirsich-Joghurt-Torte

Teig:

50 g Butter

50 g Zucker

1 Päckchen Vanillinzucker

1 Ei

100 g Mehl

1 EL Milch

1 Messerspitze Backpulver

Belag:

4 Becher Naturjoghurt (à 150 g)

90 g Zucker

2 Päckchen Vanillinzucker

2 Päckchen Götterspeise Zitrone

2 Becher Sahne (à 200 g)

2 Dosen Pfirsiche

Butter, Zucker, Vanillinzucker und Ei schaumig rühren. Mehl, Milch und Backpulver unterrühren. Teig in eine Springform geben und ca. 15 Minuten bei 175 Grad (Gas Stufe 2) backen. Springformrand lösen. Torte auf eine Platte geben und auskühlen lassen. In der Zwischenzeit Pfirsiche abtropfen lassen und den Saft in einer Schale auffangen. Zitronengötterspeise mit dem Pfirsichsaft anrühren, auflösen und mit Zucker und Joghurt verrühren. Sahne steif schlagen und unterheben. Einen Tortenrand um den Boden legen, abgetropfte Pfirsiche auf dem Tortenboden verteilen und die Joghurtmasse darüber geben. Zum Festwerden für ca. 3–4 Std. in den Kühlschrank stellen.

☞ *Einen Tortenrand hat nicht jeder zu Hause. Zur Not kann man sich einen basteln (Pappstreifen mit Alufolie umwickeln) oder man lässt die Torte in der Springform – sieht zwar nicht so schön aus, funktioniert aber auch.*

Von der Hand in den Mund

Büffets für das Familienfest

Man soll die Feste feiern, wie sie fallen. Krönen Sie dabei vielleicht Ihre Tafel mit Krebsschwänzen und Langusten oder reichen Sie Ihren Gästen Kaviar und Champagner? Nein, nein, ich beneide Sie nicht. Sicher, vielleicht kommt doch mal der Chef zu Besuch, aber Galadinners sind sonst nicht meine Welt. Denn unsere Partys, Jubiläen oder Spieleabende, Grillfeste oder Geburtstagsfeiern sind zu einem großen Teil immer auch Feste mit und für Kinder. Und wie Sie wissen, geht es dann lebhaft und schwungvoll zu und keinen hält es steif am Tisch. Aber auch ohne Sitzordnung gilt: für meine Gäste nur das Beste!

Für bewegte Feiereien mit vielen Gästen ist das große Büffet die ideale Lösung. Und so verschieden Anlässe, Tages- und Jahreszeiten auch sein mögen, das Prinzip bleibt gleich: Warmes und Kaltes, Herzhaftes und Süßes, Schlichtes und Raffiniertes werden zusammen aufgetafelt zu einem bunten Kaleidoskop voller Köstlichkeiten. Bei so viel Auswahl findet jeder ein Schüsselchen nach seinem Geschmack. Besonders die kleinen Gäste sind hoch erfreut, wenn sie ihre erklärten Favoriten wie Frikadellen, kleine Würstchen und Pudding entdecken und sich daran nach Kinderherzenslust satt essen dürfen. Und weil es so gemütlich ist, stellen sich alle ungeniert wieder an und preisen das gelungene Fest. Dann können Sie entspannen und auf ihren wohlverdienten Erfolg anstoßen!

Wenn Sie zu Ihrem nächsten Fest ein Büffet auftischen möchten, hilft die folgende Zusammenstellung von einzelnen Bausteinen bei Auswahl und Kombination der Gerichte:

- ein warmes Gericht (z.B. Suppe)
- ein Fleischgericht (z.B. überbackene Medaillons)
- ein bis zwei Salate (z.B. Nudelsalat, Bauernsalat)
- etwas Vegetarisches (z.B. Spinat-Gorgonzola-Quiche)

- Dips für Brot und Rohkost (z.B. Tsatsiki oder pikanter Quark)
- ein bis zwei Desserts oder Kuchen (z.B. Vanillequark)
- frische Früchte oder eine Rohkostplatte
- Kinderfavoriten (z.B. Frikadellen oder kleine Würstchen)
- Immer passend sind Brot, Butter oder Kräuterbutter und eine Käseplatte.

Bevor es losgehen kann, noch das Wichtigste:

Planung ist und bleibt die halbe Miete. Deshalb rate ich:

- Arbeiten Sie mit Listen, auf denen Sie den Einkauf und die Vorbereitungen für den Vortag und den Festtag selbst planen.
- Wählen Sie Gerichte, von denen Sie die meisten schon am Vortag vorbereiten können.
- Sorgen Sie besonders im Sommer frühzeitig für gekühlte Getränke.

- Stellen Sie vor Eintreffen der Gäste ausreichend Geschirr und Gläser bereit.
- Suchen Sie einen Platz für die Garderobe aus.
- Legen Sie Tischtücher (weiße Bettlaken tun es auch) für die Büffettafel parat.
- Dekorieren Sie die Tische mit Kerzen und wahlweise mit Blumen, Herbstlaub oder Tannenzweigen.
- Richten Sie Vasen für zu erwartende Blumensträuße sowie Korkenzieher, Flaschenöffner und Aschenbecher.
- Überlegen Sie sich Kleinigkeiten für das Kinderamüsement.
- Kalkulieren Sie ausreichend Zeit für die eigene Staffage. Der Schock, dass Sie »gar nichts anzuziehen haben«, muss verarbeitet werden, bevor Sie Ihre Gäste mit einem Aperitif begrüßen.

Zum Schluss ein Wort zu der quälenden Frage, die jede Gastgeberin umtreibt: Schmeckt es allen und reicht das Essen? Diese Abgründe kennen wir alle und deshalb lassen Sie sich beruhigen und vertrauen Sie auf Ihr Gespür als Küchenchefin.

Auf Nummer sicher gehen Sie, wenn Sie
- die Menge für ein Hauptgericht großzügig ausrichten (z.B. für eine Suppe);
- ein Gericht (z.B. einen Salat oder kleine Blätterteigtaschen) für die Zeit nach dem ersten Run auf das Büffet oder für verspätete Gäste zurückhalten;
- Brot und Käse reichlich einkaufen, weil diese Lebensmittel eingefroren und später für den eigenen Verzehr genutzt werden können.

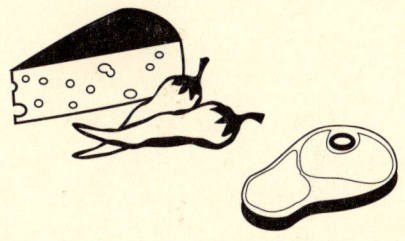

Um Ihnen die Qual der Wahl abzunehmen, habe ich stellvertretend für die vielen Anlässe zum Feiern vier Büffetkombinationen zusammengestellt, die Sie für den vormittäglichen Brunch, für das sommerliche Gartenfest oder für die große Party am Abend auftischen können. Alle Kombinationen sind für ungefähr 15 Personen gedacht und angelegt.

Und auch hier ist erlaubt: Ergänzen Sie um altbewährte Lieblingsrezepte oder um Ihre speziellen Favoriten!

Brunch
Die Gäste kommen morgens

Rezepte ab S. 98
- Tomatensuppe
- Überbackene Schweinemedaillons
- Griechischer Hackbraten
- Tomaten-Mozzarella-Salat
- Nudelsalat
- Quiche Lorraine
- Möhrenkuchen
- Obstsalat
- Rohkostplatte
- Käsespießchen

Kinderfavoriten: Käsespießchen, Nudelsalat
Immer passend: Brot, Butter oder Kräuterbutter und eine Käseplatte
Zusätzliche Schmankerln: Brötchen, süße und pikante Aufstriche wie Marmelade, Honig, Nussnougatcreme, Frühlingsquark, Müsli oder Cornflakes.

Draußen feiern
Gäste empfangen im »grünen Salon«

Rezepte ab S. 105
- Hähnchenkeulen
- Süßer Salat
- Nudelsalat
- Gemüsekuchen
- Rohkostplatte
- Tsatsiki
- Chili con carne
- Schnelle Anneliese

Kinderfavoriten: Hähnchenkeulen, Schnelle Anneliese
Immer passend: Brot, Butter oder Kräuterbutter, Käse und Früchte
Zusätzliche Schmankerln: Schweine- oder Lammkoteletts

Feierei mit Vielen

Deftiges zum Abend

Rezepte ab S. 109
- Frikadellen
- Chili con carne
- Bunter Kartoffelsalat
- Bauernsalat
- Gefüllte Eier
- Tomaten-Mozarella-Salat
- Zwiebelkuchen
- Tsatsiki
- Vanillequarkcreme

Kinderfavoriten: Frikadellen
Immer passend: Brot, Butter oder Kräuterbutter und eine Käseplatte
Zusätzliche Schmankerln: eingelegte Oliven und Peperoni, Mixed Pickles, Wurstplatte

Feines zum Abend

Rezepte ab S. 114
- Käse-Mett-Suppe
- Kalter Braten
- Hähnchenflügel
- Fleischspießchen
- Lachsfrikadellen
- Tortellini-Salat
- Grüner Salat
- Gefüllte Blätterteigtaschen
- Spinat-Gorgonzola-Quiche
- Tiramisù
- Vanille- /Schokoladenpudding
- Obsttorte

Kinderfavoriten: kleine Würstchen, Schokoladenpudding
Immer passend: Brot, Butter oder Kräuterbutter und eine Käseplatte
Zusätzliche Schmankerln: eingelegte Oliven und Peperoni, gebratene Auberginen

Brunch
Die Gäste kommen morgens

Tomatensuppe mit Hackfleischbällchen

4 Zwiebeln

4 Knoblauchzehen

2 rote Paprikaschoten

Öl für den Topf

4 große Dosen geschälte Tomaten (à 800 g)

1,5 l Gemüsebrühe

2–3 EL Instantgemüsebrühe

Salz

Pfeffer

1 Prise Zucker

700 g gemischtes Hackfleisch

2 Bd. Basilikum

Zwiebeln und Knoblauch abziehen und fein würfeln, Paprikaschoten ebenfalls in feine Würfel schneiden und zusammen im heißen Fett andünsten. Tomaten mit Flüssigkeit und Gemüsebrühe hinzufügen und alles 5 Minuten bei mittlerer Hitze kochen lassen. Tomaten dabei mit einem Bratenwender zerdrücken. Suppe mit Salz, Pfeffer, Brühextrakt und Zucker würzen. Von dem Hackfleisch kleine Bällchen formen, roh in die Suppe geben und bei kleiner Hitze ca. 10–15 Minuten gar ziehen lassen. Basilikumblättchen klein hacken und unterrühren.

☺ *Wenn es schnell gehen soll, kommt die Suppe auch ohne Hackfleischbällchen aus. Für Kinder sind sie aber oft der wichtigste Beitrag in diesem Gericht.*

Überbackene Schweine-medaillons

2 kg (große) Tomaten
ca. 1,2 kg Schweinefilet
Öl für Pfanne und Backblech
3 Becher Schmand (à 200 g)
4–5 Knoblauchzehen
1 Bd. Basilikum
300 g Schafskäse

Tomaten waschen, Stängelansätze entfernen und in ca. 1 cm breite Scheiben schneiden. Schweinefilet in ca. 2,5 cm breite Streifen schneiden. Öl in der Pfanne erhitzen und Fleisch von jeder Seite 2 Minuten braten, aus der Pfanne nehmen und mit Salz und Pfeffer bestreuen. Schmand unter Rühren zum Bratensatz geben und einmal aufkochen lassen. Knoblauchzehen abziehen und in die Sauce pressen und mit wenig Salz und Pfeffer abschmecken. Tomaten auf ein tiefes, eingefettetes Backblech legen, Fleisch darauf legen und mit je einem Blatt Basilikum belegen (Endstücke oder sehr kleine Tomatenscheiben einfach dazwischen verteilen). Schafskäse in passende Stücke schneiden, auf das Fleisch legen und alles mit der Sahnesauce übergießen. Im vorgeheizten Backofen bei 225 Grad (Gas Stufe 4–5) 10–15 Minuten überbacken, bis der Käse zerlaufen ist.

☞ *Wenn Sie dieses Rezept als Hauptgericht anbieten wollen, schmecken dazu Nudeln, Reis oder Brot zusammen mit Salat.*

Griechischer Hackbraten

2 Brötchen
Öl für Pfanne und Auflaufform
125 g durchwachsener Speck
2 Zwiebeln
2 Knoblauchzehen
1 kg gemischtes Hackfleisch
3 Eier
2 EL getrocknete Petersilie
2 EL getrockneter Schnittlauch
1 EL *Tomatenmark* oder Ketchup
Salz
Pfeffer
Rosenpaprika
175 g Schafskäse
6 EL Sahne oder Milch
1 TL getrockneter Thymian
1 TL getrockneter Basilikum
3 Lorbeerblätter
1–2 EL Pinienkerne

Die Brötchen in kaltem Wasser einweichen und gut ausdrücken. Öl in einer Pfanne erhitzen und gewürfelten Speck, klein gehackte Zwiebeln und zerdrückte Knoblauchzehen darin glasig dünsten und erkalten lassen. Hackfleisch mit Brötchen, Eiern, Petersilie, Schnittlauch und Tomatenmark vermengen und gut durchkneten. Mit Salz, Pfeffer und Rosenpaprika würzen. Schafskäse in einer Extraschüssel mit einer Gabel zerdrücken und mit Sahne, Thymian und Basilikum verrühren. Die Hälfte des Fleischteiges in eine eingefettete Pie- oder Auflaufform (ø 26 cm) geben, glatt streichen und die Schafskäsemasse darauf verteilen, wobei Sie einen Rand von 1–2 cm lassen. Mit der restlichen Fleischmasse bedecken und bei 200 Grad (Gas Stufe 3–4) ca. 1 Stunde im vorgeheizten Backofen backen. Nach ca. 40 Minuten Backzeit den Hackbraten mit den Lorbeerblättern belegen und mit den Pinienkernen bestreuen.

☞ *Der Hackbraten kann kalt und warm gegessen werden.*

Tomaten-Mozzarella-Salat

1,2 kg Tomaten
2–3 Kugeln Mozzarella (à 300 g)
ca. 10 EL Olivenöl
3–4 EL Balsamico oder Rotweinessig
Salz
Pfeffer
2 Bd. Basilikum
1 Bd. Frühlingszwiebeln

Tomaten waschen und würfeln (dabei die Stielansätze herausschneiden). Mozzarella ebenfalls in kleine Würfel schneiden. Essig, Öl, Salz und Pfeffer in einer Schale zu einer cremigen Sauce verrühren. Wer es mag, noch etwas süßen Senf dazugeben. Mit dem gewaschenen und klein gehackten Basilikum vermengen. Etwa 10 Minuten durchziehen lassen. Tomatenwürfel und Mozzarella hinzugeben und gut vermengen. Mit fein gehackten Frühlingszwiebeln überstreuen.

☺ *Der Tomaten-Mozzarella-Salat kann auch ganz anders aussehen. Dafür schneiden Sie Tomaten und Mozzarella in dünne Scheiben, legen die Tomaten in einer flachen Schale aus und geben die Mozzarellascheiben darüber. Darüber verteilen Sie die Basilikumblätter und übergießen alles zusammen mit dem Dressing.*

☺ *Sie können den Salat auch mit 1–2 Bd. Rucola (Rauke) erweitern, den Sie gewaschen und etwas klein gezupft unter die Tomaten legen. Auch farblich sehr schön! Dazu passen hauchdünn geschnittene Salamischeiben.*

Nudelsalat

1 kg Spiralnudeln

4 Zwiebeln oder 2 Bd. Frühlingszwiebeln

600 g Kochschinken

12 Gewürzgurken

600 g Gouda oder Emmentaler Käse

3 rote Paprika

6 Tomaten

einige Oliven

1 halbe Flasche Salatcreme (à 500 g)

2 Becher saure Sahne (à 200 g)

5 EL Milch

Salz

Pfeffer

1–2 EL Essig

Nudeln nach Anweisung in reichlich kochendem Wasser gar kochen. Mit kaltem Wasser abschrecken und abtropfen lassen. Zwiebeln schälen und fein hacken. Kochschinken und Käse in kleine Würfel, Gewürzgurken in kleine Stückchen schneiden. Paprika und Tomaten waschen, Paprika entkernen, alles zusammen klein schneiden. Oliven in dünne Ringe schneiden. Schinken, Käse, Gurken, Paprika, Tomaten und Oliven mit den Nudeln vermengen. Aus Salatcreme, Sahne und Milch eine Marinade anrühren. Mit Salz, Pfeffer und Essig würzen und über den Nudelsalat geben.

☺ *Auf Oliven oder Paprika können Sie Ihrer Kinder wegen auch verzichten. Nehmen Sie dann einfach entsprechend mehr Schinken oder Gewürzgurken.*

Quiche Lorraine

(für eine Springform 28 cm)

250 g Mehl
Salz
125 g Margarine
etwas Wasser
etwas Öl für die Form
100 g Speck oder Schinken
1 EL Öl
150 g geriebener Käse (z.B. Emmentaler)
1 Becher Sahne (200 g)
250 ml Milch
2 Eier
2 Eigelb
Salz
Pfeffer
Muskatnuss

Mehl, Salz, weiches Fett und 4 EL kaltes Wasser mit den Händen zu einem glatten Teig verkneten. Abgedeckt mindestens eine halbe Stunde kühl stellen.

Speck würfeln und im heißen Öl bei kleiner Hitze ausbraten. Boden und Rand der gefetteten Form mit dem Teig auslegen. Teigboden mit einer Gabel mehrmals einstechen und anschließend mit Speckwürfeln und geriebenem Käse bestreuen. Sahne, Milch, Eier und Eigelb verquirlen und mit Salz, Pfeffer und Muskatnuss würzen. Eier-Milch in die Form gießen. Im vorgeheizten Backofen bei 225 Grad (Gas Stufe 4–5) ca. 45 Minuten goldbraun backen.

☞ *Man kann die Quiche gut am Vortag backen und dann zu Picknicks oder Partys mitnehmen. Sie schmeckt auch kalt gut, lässt sich aber auch in ca. 15 Minuten aufwärmen.*

☺ *Wenn Sie eine rein vegetarische Quiche zubereiten möchten, ersetzen Sie einfach den Schinken durch eine Hand voll Pilze.*

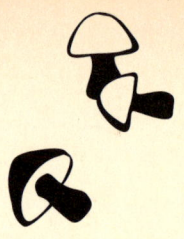

Rohkostplatte

3 rote und 2 gelbe Paprika
6–7 Möhren
2 Salatgurken
eine Hand voll Cocktailtomaten
2 Stangen Staudensellerie
10 große Champignons

Gemüse waschen, schälen und in mundgerechte Stücke oder Scheiben schneiden. Zusammen auf einer Platte oder einem flachen Teller anrichten, so dass man sich die Stücke mit den Fingern nehmen kann. Dips zum Stippen bereit stellen.

☞ *Wenn Sie wenig Zeit für die Vorbereitung haben, scheuen Sie sich nicht, Fertigsaucen wie z. B. Sour Cream, Cocktail- oder Barbecuesauce oder den allseits bewährten Kräuterquark zu Ihrer Rohkostplatte anzubieten. Als selbstgemachte Dips empfehle ich Tsatsiki, Porreequark und Frühlingsquark.*

Möhrenkuchen

Siehe Kapitel »La dolce vita – Nachtisch und Kuchen«, S. 87.

Obstsalat

Siehe Kapitel »La dolce vita – Nachtisch und Kuchen«, S. 79.
Aber denken Sie daran, größere Mengen zu verwenden.

Käsespießchen

1,5 kg jungen Gouda
1–2 Päckchen Zahnstocher
kernlose Weintrauben
Mandarinen aus der Dose

Den Käse in gleich große Würfel schneiden und
zusammen mit den Weintrauben und/oder den
Mandarinenstückchen auf einen Zahnstocher
spießen. Auf einer Platte anrichten und die restlichen Weintrauben zum Garnieren verwenden.

☺ *Gut schmecken auch pikante Käsespießchen mit*
Ziegenmilchgouda oder Emmentaler zusammen
mit kleinen Paprika- oder Tomatenstückchen
statt des Obstes.

Hähnchenkeulen

15 Hähnchenkeulen
Salz
Pfeffer
2–3 Chilischoten
Öl für das Blech

105

Hähnchenkeulen abspülen und trocken tupfen.
Auf ein gefettetes Backblech legen und mit Salz,
Pfeffer und zerdrückten Chilischoten würzen.
Im vorgeheizten Backofen bei 225 Grad (Gas
Stufe 4–5) ca. 45 Minuten braten.

Süßer Salat

1 Kopfsalat
1 Zitrone
ca. 5–6 EL Sahne
ca. 2 EL Zucker

Salat waschen und etwas trocken schleudern.
Zitrone auspressen und den Saft in einer Schale
mit Sahne und Zucker verrühren. Salatblätter
klein zupfen, in die Schale geben und mit der
Sauce vermengen.

☞ *Der süße Salat eignet sich auch besonders gut
als Beilage zu Kartoffelgerichten.*

Nudelsalat
Siehe S. 102

Gemüsekuchen

Teig:
200 g Margarine
250 g Magerquark
250 g Mehl
Salz
Pfeffer
Kräuter der Provence

Belag:
2 Zwiebeln
200 g Kochschinken
1 Porreestange
1 kleine Dose Mais
ca. 250 g Brokkoli
200 g geriebener Käse
6 Eier
1 Becher Crème fraîche (150 g)
Salz
Pfeffer
Kräuter der Provence

Margarine, Quark, Mehl und Gewürze in eine Schüssel geben und mit der Hand zu einem glatten Teig verkneten. Mindestens 1/2 Stunde zugedeckt kalt stellen. Blech mit Margarine oder etwas Öl einfetten und den Teig darauf gleichmäßig verteilen.

Zwiebeln in Ringe schneiden und mit dem gewürfelten Schinken auf dem Teig verteilen. Mais und klein geschnittenes Gemüse hinzugeben. Käse darüber streuen. Eier und Crème fraîche auf höchster Stufe mit dem Mixer verquirlen. Nach Geschmack mit Salz, Pfeffer und Kräutern der Provence würzen und über den Teig geben. Ofen auf 180 Grad (Gas Stufe 2–3) vorheizen. Den Gemüsekuchen in ca. 30 Minuten backen (prüfen, ob die Eier-Creme fest geworden ist).

☺ *Der Belag kann natürlich beliebig variiert werden. Sehr gut schmeckt der Gemüsekuchen mit frischen Pilzen (z. B. Pfifferlinge). Porree, Mais und Brokkoli dann weglassen.*

Rohkostplatte

Siehe S. 104

Tsatsiki

400 g Sahnejoghurt
500 g Magerquark
4 EL Olivenöl
1–2 EL Essig
1–2 TL Dill
Salz
Pfeffer
1/2–1 Salatgurke
ca. 6 Knoblauchzehen

Joghurt und Quark mit Öl, Essig und Gewürzen vermengen. Salatgurke waschen, schälen und dazureiben. Knoblauch zerdrücken und unterrühren. Gut durchziehen lassen. Mit Salz und Pfeffer nochmals abschmecken.

Chili con carne

500 g Zwiebeln
3 grüne Paprikaschoten
4 rote Chilischoten
1,2 kg Rinderhackfleisch
Öl für die Pfanne
Salz
2–3 TL Paprikapulver
5 Knoblauchzehen
3 große Dosen geschälte Tomaten (à 800 g)
2 Dosen Tomatenmark (à 140 g)
5 Dosen Kidneybohnen (à 400 g)
ca. 750 ml Gemüsebrühe
Pfeffer

Zwiebeln abziehen und in Ringe schneiden. Paprikaschoten vierteln, entkernen und in Stücke schneiden. Chilischoten mit einem Küchenmesser der Länge nach aufschlitzen und die Kerne entfernen. Schoten in kleine Stücke schneiden (dabei unbedingt mit Küchenhandschuhen arbeiten). Hackfleisch in heißem Öl in einer großen Pfanne etwa 10 Minuten unter Rühren krümelig braun braten. Mit Salz und Paprika würzen und in einen großen Topf geben. Zwiebeln, Paprika und Chilischoten im Bratfett unter Rühren andünsten. Knoblauchzehen abziehen und durch die Knoblauchpresse zum Gemüse geben. Gemüse, Tomaten mit Flüssigkeit und Tomatenmark zum Hackfleisch geben und im geschlossenen Topf bei kleiner Hitze 15 Minuten schmoren. Bohnen auf ein Sieb geben, mit kaltem Wasser abspülen und abtropfen lassen. Brühe und Bohnen in den Topf geben und alles bei mittlerer Hitze einige Minuten durchkochen lassen. Chili con carne mit Salz und Pfeffer abschmecken.

☞ *Die Schärfe können und sollen Sie natürlich kindgerecht variieren. Dann werden auch Ihre Sprösslinge dieses Gericht lieben.*

Schnelle Anneliese
(Becherkuchen)
Siehe Kapitel »La dolce vita – Nachtisch und Kuchen«, S. 83.

Feierei mit Vielen
Deftiges zum Abend

Frikadellen

1 kg gemischtes Hackfleisch

**1 altes Brötchen (oder 1–2 Weißbrot-
scheiben)**

2 Zwiebeln

3 Eier

Salz

Pfeffer

etwas Mehl

Öl für die Pfanne

Hackfleisch in einer Schüssel mit Eiern, fein gehackten Zwiebeln, klein gezupften Brot-stückchen und etwas Salz und Pfeffer gut ver-mengen. In einem Teller etwas Mehl bereit stellen. Öl in einer Pfanne erhitzen. Mit den Händen aus dem Fleischteig Frikadellen for-men, kurz in Mehl wälzen und von beiden Seiten bei großer Hitze in 5–8 Minuten (je nach Größe) braun braten.

☞ *Machen Sie lieber kleine Frikadellen. Die lassen sich für Kinder besser portionieren und auch mit bloßen Fingern gut essen!*

☞ *Für große Mengen empfiehlt es sich, die Frikadel-len roh auf ein Backblech zu legen und im vor-geheizten Backofen bei 250 Grad (Gas Stufe 5–6) in ca. 20 Minuten zu braten. Dabei 1–2 mal wenden. Auf ein Blech passen 70 bis 90 kleine Frikadellen, das sind ca. 1,5 kg Hackfleisch.*

Bunter Kartoffelsalat

3 kg fest kochende Kartoffeln

2 rote Paprika

4–5 Tomaten

Gewürzgurken (Menge nach Geschmack)

200 g gekochter Schinken

5 hartgekochte Eier

Salz

Pfeffer

2 Zwiebeln

400 ml Gemüsebrühe

4–5 EL Essig

1–2 TL Senf

300 g Salatcreme

Kartoffeln waschen und fast gar kochen. Abkühlen lassen und pellen, in dünne Scheiben schneiden und in eine Schale geben. Paprika, Tomaten, Gurken, gekochten Schinken und Eier klein schneiden und dazugeben. In einem kleinen Topf die fein gehackten Zwiebeln mit der heißen Brühe vermengen und mit Essig, Senf, Salz und Pfeffer würzen. Marinade über die Kartoffeln geben und gut durchziehen lassen. Salatcreme dazugeben und unterrühren. Mit Salz und Pfeffer abschmecken.

Bauernsalat

1 Eisbergsalat
4 Tomaten
1–2 rote Paprika
1 Bd. Frühlingszwiebeln
3 hartgekochte Eier
1 Dose Mais
etwas Kresse
7–8 EL Olivenöl
2–3 EL Balsamico-Essig
1/2 TL Senf
Salz
Pfeffer

Salat, Tomaten und Paprika waschen, klein
schneiden und in eine Schale geben. Frühlingszwiebeln fein hacken und zusammen mit dem
Mais dazugeben. Eier in Achtel schneiden und
auf dem Salat verteilen. Mit der Kresse dekorieren. Öl und Essig in einer kleinen Schale mit
dem Senf vermengen, mit Salz und Pfeffer
würzen. Die Salatsauce über den Salat geben.

☞ *Im Bauernsalat schmeckt – je nach Saison –*
noch viel mehr: grüne Bohnen und Pellkartoffel-
scheiben oder Kidneybohnen und Schafskäse.

Gefüllte Eier

15 Eier

Füllung mit Paprika:
1 rote Paprikaschote
100 g Schafskäse
3 EL Naturjoghurt

Füllung mit Krabben:
1 Bd. Schnittlauch
3–4 EL Mayonnaise
100 g Krabbenfleisch
1–2 TL Zitronensaft
150 g Rucola
1/2 Zitrone
1–2 EL Öl

Eier 10 Minuten hart kochen, pellen, abkühlen lassen und in Hälften teilen.
Paprika waschen, entkernen und fein würfeln. Das herausgelöste Eigelb von 7 Eiern, Paprika, klein gebröselten Schafskäse und Joghurt verrühren. Mit Salz und Pfeffer würzen und wieder in die Eihälften füllen.

Schnittlauch in Röllchen schneiden. Das herausgelöste Eigelb der übrigen 8 Eier mit der Mayonnaise glatt rühren. Krabben und Schnittlauch unterrühren. Mit Salz, Pfeffer und Zitronensaft würzen und wieder in die Eihälften füllen. Rucola waschen, klein zupfen und auf einer Platte anrichten. Würzen, mit Zitronensaft und Öl beträufeln und die Eier darauf anrichten.

Tomaten-Mozzarella-Salat

Siehe S. 101

Zwiebelkuchen

(für ein Blech)

200 g Margarine

250 g Quark

250 g Mehl

Salz

Pfeffer

Kräuter der Provence

Öl für das Blech

6 Zwiebeln (oder drei große Gemüse-
zwiebeln)

200 g Kochschinken

200 g geräucherter Schinken

200 g geriebener Käse (Edamer oder
Gouda)

6 Eier

1 Becher Crème fraîche (200 g)

Margarine, Quark, Mehl und Gewürze in eine Schüssel geben und mit der Hand zu einem glatten Teig verkneten. Mindestens 1/2 Stunde zugedeckt kalt stellen. Blech mit Margarine oder etwas Öl einfetten und den Teig darauf gleichmäßig verteilen. An den Rändern etwas hochziehen.

Zwiebeln in Ringe schneiden und mit dem gewürfelten Schinken auf dem Teig verteilen. Käse darüber geben. Eier und Crème fraîche mit dem Mixer verquirlen. Mit Salz, Pfeffer und Kräutern der Provence würzen und über den Teig geben. Ofen auf 180 Grad (Gas Stufe 2–3) vorheizen. Den Zwiebelkuchen in ca. 30 Minuten backen (prüfen ob die Eier-Creme fest geworden ist).

Tsatsiki

Siehe S. 107

Vanillequarkcreme

Siehe Kapitel »La dolce vita – Nachtisch und
Kuchen«, S. 78

Feierei mit Vielen 2
Feines zum Abend

Käse-Mett-Suppe

3–4 Zwiebeln
Öl für den Topf
ca. 800 g gemischtes Hackfleisch
3–4 Stangen Lauch
Pfeffer
Salz
1,5–2 l Gemüsebrühe
500 g Kräuterschmelzkäse

Zwiebeln abziehen und würfeln. Öl im Topf
erhitzen, Zwiebeln darin andünsten. Hackfleisch dazugeben, krümelig braten und mit
Salz und Pfeffer würzen. Lauch putzen, waschen und in Scheiben schneiden, zu dem
Hackfleisch geben und kurz mitdünsten. Brühe
dazugießen und 15–20 Minuten kochen lassen.
Schmelzkäse einrühren, aufkochen lassen, bis
sich der Käse aufgelöst hat, und nochmals mit
Salz und Pfeffer abschmecken.

Kalter Braten

z.B. Kassler

2 kg Kasseler Braten (Nacken,
    ohne Knochen)
2–3 Zwiebeln
5 EL Öl
1 EL Curry
Öl für den Bratentopf
500 ml Gemüsebrühe

Fleisch abspülen und trocken tupfen. Zwiebeln
pellen und in Ringe schneiden. Öl mit dem Curry
verrühren und das Fleisch damit bestreichen. Im
heißen Fett das Fleisch von allen Seiten anbraten
und auf kleiner Flamme (oder in der Fettpfanne
im Ofen) ca. 1,5 Std. schmoren lassen. Von Zeit
zu Zeit mit etwas Brühe übergießen.

☞ *Den Braten können Sie 1–2 Tage vor dem Fest*
   zubereiten und dann entweder kalt servieren
   oder auch bei 200 Grad (Gas Stufe 3–4) im
   vorgeheizten Backofen in ca. 30 Minuten
   erwärmen.

Hähnchenflügel

30 Hähnchenflügel
Salz
Pfeffer
Öl für das Blech

Hähnchenflügel abspülen und trocken tupfen.
Auf ein gefettetes Backblech legen und würzen.
Im vorgeheizten Backofen bei 225 Grad (Gas
Stufe 4–5) ca. 30 Minuten braten.

Fleischspießchen

1 kg Hähnchenbrustfilet (wahlweise Rind-
    fleisch, z.B. Hüftsteak)
500 g Speck (z.B. Bacon)
ca. 10 EL Sojasauce
ca. 1/2 TL Sambal Oelek
Öl für die Pfanne
ca. 8 EL Weißweinessig
6 EL Zucker
2 TL Salz
6 EL Erdnusscreme
3 EL Sojasauce
2 EL Tomatenmark
1–2 TL Sesamsaat (zur Not kaufen Sie zwei
    Sesambrötchen und lösen die Körner ab)
Holzspieße

Fleisch und Speck in dünne, etwa 3 cm breite und 10 cm lange Streifen schneiden. Je eine Speckscheibe auf einen Fleischstreifen legen und ziehharmonikaförmig auf die dünnen Spieße stecken. Sojasauce und Sambal Oelek verrühren und die Spieße damit bestreichen. Zugedeckt für 1–2 Stunden im Kühlschrank ziehen lassen.

Für die Erdnusssauce Essig, 5 EL Wasser, Zucker und Salz aufkochen und abkühlen lassen. Anschließend Erdnusscreme, Sojasauce und Tomatenmark einrühren.

Fleischspieße abtropfen lassen. Öl in einer großen Pfanne erhitzen und die Spieße darin von jeder Seite etwa 2 Minuten braun braten. Sesamsaat in einer kleinen Pfanne ohne Fett leicht anrösten, über die Erdnusssauce streuen und zum Fleisch servieren.

☺ *Dazu passen Sambal Oelek, süße Chilisauce (fertig im Glas) und natürlich auch Ketchup und andere Fertigsaucen.*

Lachsfrikadellen

1 kg frisches Lachsfilet ohne Haut
2 Zwiebeln
1 Zitrone
2 Bd. Dill
2 Eiweiß
2 EL Mehl
Salz
Pfeffer
Öl für die Pfanne

Lachsfilet abspülen, trocken tupfen und in sehr feine Würfel schneiden. Zwiebeln fein würfeln und damit vermengen. Zitrone auspressen. Zitronensaft, fein geschnittenen Dill, Eiweiß und Mehl zugeben. Alles vermengen und mit Salz und Pfeffer würzen. Kleine Portionen in das heiße Fett setzen und von jeder Seite etwa 3 Minuten braten.

Tortellini-Salat

1 kg Tortellini
Salz, Pfeffer
2 EL Öl
600 g Zucchini
600 g gekochter Schinken
2 Bd. Frühlingszwiebeln
600 g Tomaten
1 großes Glas Salatcreme (500 g)
2 Becher saure Sahne (à 200 g)
5–6 Knoblauchzehen
6 EL Milch
1–2 EL Essig
2 Bd. frisches Basilikum

Tortellini in reichlich Salzwasser mit Öl nach Anweisung etwa 20 Minuten kochen und abtropfen lassen. Zucchini und Schinken würfeln. Lauchzwiebeln in Ringe schneiden. Alles mit Tomatenachteln vermengen. Salatcreme mit saurer Sahne, zerdrücktem Knoblauch und Milch verrühren. Mit Pfeffer, Essig und Salz abschmecken. Über den Salat gießen.

Grüner Salat

2 Blattsalate (z.B. Frisée, Lollo rosso
    oder Spinat)
200 g Feldsalat
3 mehlig kochende Kartoffeln
300 ml Gemüsebrühe
2–3 Knoblauchzehen
5 EL Öl
3 EL Essig oder *Balsamico*
1 TL Senf
1 TL Honig
Salz
Pfeffer
ca. 300 g Schinkenspeck
Öl für die Pfanne

Salat waschen, klein zupfen und in eine Schale geben. Kartoffeln kochen, pellen und mit einer Gabel zerdrücken. Brühe, klein gehackten Knoblauch, Öl, Honig, Salz und Pfeffer zugeben, verrühren und über den Salat geben. Im heißen Öl den gewürfelten Schinkenspeck auslassen und mit dem Öl über den Salat gießen.

☞ *Wenn der Salat länger auf dem Büffet steht, ist es ratsam, die Schinkenwürfel in einer kleinen Schale extra zu reichen.*

Gefüllte Blätterteig-taschen

TK-Blätterteig
junger Gouda oder ähnlich milder Käse
gekochter Schinken
etwas Milch
Für eine gefüllte Blätterteigtasche benötigen Sie 1 Scheibe Blätterteig, 1/2 Scheibe Käse und 1/2 Scheibe gekochten Schinken.

Tiefgefrorenen Blätterteig (wie auf der Packung angegeben) auftauen lassen. Blätterteig mit gekochtem Schinken und Käse belegen. Die vier Ecken des Blätterteigs in die Mitte klappen. Anschlussstellen mit etwas Milch anfeuchten und zusammenpressen. Die fertigen Taschen mit ausreichendem Abstand auf ein Backblech legen. Backzeit und Temperatur entnehmen Sie bitte der Blätterteigpackung, da diese variieren kann.

☺ *Wer mag, kann den Blätterteig auch mit TK-Spinat und Schafskäse füllen. Der Spinat sollte hierbei vorher gut abtropfen!*

Spinat-Gorgonzola-Quiche
(für zwei Bleche)

2 Packungen TK-Blätterteig (à 450 g)
Mehl zum Ausrollen
Öl für das Backblech
4 Packungen TK-Blattspinat (à 450 g)

1 kg Gorgonzola-Käse
Salz
Pfeffer
Muskatnuss
7 Eier
3–4 Becher Crème fraîche (à 150 g)

Auf etwas Mehl die Blätterteigplatten (in eine Richtung) ausrollen. Teigplatte auf ein gefettetes Backblech legen. Im vorgeheizten Backofen bei 200 Grad (Gas Stufe 4) ca. 15 Minuten vorbacken. Inzwischen den aufgetauten Spinat etwas ausdrücken, den klein gedrückten Gorgonzola hinzugeben und mit Salz, Pfeffer und Muskatnuss würzen. Eier und Crème fraîche verquirlen und ebenfalls würzen. Spinat mit Käse auf dem vorgebackenen Teig gleichmäßig verteilen, Eiercreme darüber gießen. Im Ofen in 20 Minuten fertig backen.

☞ *Die Quiche schmeckt warm und kalt. Sie lässt sich auch gut einfrieren.*

Tiramisù

4 kleine Eier
500 g Mascarpone
2 EL Amaretto
4 EL Zucker
2 Päckchen Vanillinzucker
2 Tassen starker Kaffee (erkalten lassen)
1–2 Packungen Löffelbiskuits
dunkles Kakaopulver

Eier in Eigelb und Eiweiß trennen. Mascarpone, Eigelb, Amaretto, Zucker, Vanillinzucker und Kaffee zu einer Creme verrühren. Eiweiß steif schlagen und unter die Creme heben. Löffelbiskuits einzeln in die Creme tauchen und in eine flache Form oder Schale legen. Eine Schicht Löffelbiskuits mit einer Schicht Creme bedecken. Schichtweise die Schale füllen. Das Tiramisu mind. 3–4 Std. vor dem Verzehr zubereiten und kalt stellen. Vor dem Servieren mit dunklem Kakaopulver leicht bestäuben.

☞ *Haben Sie keinen Amaretto zur Hand, können Sie auch 4 EL Eierlikör oder 2 EL Weinbrand verwenden.*

Vanillepudding oder Schokoladenpudding

Siehe Kapitel »La dolce vita – Nachtisch und Kuchen«, S. 78.

Obsttorte

1 Ei
75 g Margarine
100 g Zucker
200 g Mehl
1/2 Päckchen Backpulver
1 Prise Salz
ca. 2–3 EL Milch
500 g frische Früchte
1 Päckchen Tortenguss

Ei, Margarine und Zucker schaumig rühren. Mehl, Backpulver und Salz gut damit vermengen. Mit der Milch zu einem glatten Teig verrühren. In die gut eingefettete Tortenbodenform geben und bei ca. 160 Grad (Gas Stufe 1–2) ca. 25 Minuten backen. Den Tortenboden auskühlen lassen und mit den gewaschenen Früchten belegen. Tortenguss nach Anweisung anrühren und über die Torte geben.

☺ *Mit etwas Pudding unter dem Obst schmeckt die Torte noch besser. Dafür Vanillepudding nach Anweisung anrühren und dünn und gleichmäßig auf den Tortenboden streichen. Auskühlen lassen. Dann mit den Früchten belegen.*

Köchelverzeichnis
Register